ストレスフリーの資産運用

投資は米国債が一番!

林 敬一

元ソロモン・ブラザーズ債券資本市場部長

幻冬舎

はじめに

米国債投資をして、人生を変えてみませんか？

やっとここにたどり着きましたね。到着おめでとうございます。

ここまでご無事でしたか、それとも多少の傷を負いながらでしたか？

でももう大丈夫です。早く到着された方も遅めに到着された方も、経験者のみなさんが満面の笑みであなたを迎え入れてくれますので。

本書では、世界で一番安全な金融資産への投資をご紹介します。

しかも私の推奨する投資法は売ったり買ったりを繰り返しませんので、何の技も必要ありません。安値で買って高値で売らないと損をする類《たぐい》の投資ではありません。いつ買っても買ったただけの安心を手に入れることができます。だから、ここにたどり着いた方は、他の投資（株式投資など）をされている方と違い、その人本来の笑顔で、穏やかに日々を過ごすことができるようになるのです。

そんなに安全でうまい話があるかって？

あります。

答えをズバリ書きます。米国債です。米国債への投資こそが、あなたの資産を安全かつ確実に増やしてくれる方法なのです。世界で一番安全なことは、アメリカ発の金融危機や、あの新型コロナウイルス感染拡大の最中、世界のすべての金融資産が暴落しているのに、米国債だけは買われたことが証明しています。

その後ロシアのウクライナ侵攻により世界が久々にインフレの大波を受け始めると、円安が進み始め、日本という国に対する信認が揺らぎ始めました。それと同時に、日本人によるアメリカの通貨（ドル）と国債への関心が高まりました。米国債投資をおすすめする私のブログへのアクセス数の高まりと運用相談件数の増加がみなさんの関心の高さを示しています。


「米国債」と聞いてみなさんは何を思い浮かべるでしょう？

難しそう？

地味？

株式投資のほうが儲かりそう？

NISAで買えないから興味が湧かない？

そう思いつつも本書を手に取ってくださった方は、私のブログ「ストレスフリーの資産運用」の読者の方々のコメント欄をご覧ください。私の提唱する超簡単な米国債投資を実行した方たちが、「人生が変わった」というコメントをたくさん書き込んでくださっています。

米国債投資のメリットは端的に言うと、

- 明確な償還期限があること
- 返済額が保証されていること

です。本書では米国債の魅力を余すところなくお伝えしていくので、読み終わる頃には「米国債が何故、安全な投資なのか」がおわかりになると思います。特に株式投資などで一喜一憂していて、「投資は自己責任」と思っている方ほど米国債の魅力に気づけるはずです。

最終原稿の入稿寸前になって、アメリカとヨーロッパで銀行の破綻が表面化し株式が金融機関を中心に暴落するという事態が発生しました。2008年の金融危機と違い、世界中に大激震が走るほどではありませんでしたが、問題がたとえ一部の特定銀行であっても、リスクが表面化した際の人々の行動によっては似たような銀行にまで取り付け騒ぎが伝播します。すると世界中で株価が下がり、銀行が発行する多くの劣後債価格が暴落するという、金融機関に特有の恐ろしさを感じさせる事態になってしまいました。日本でも1990年代の証券・銀行破綻の際には人々による預金の取り付け騒ぎがみられました。今後も経済・金融に関わる激震だけでなく、天変地異や地政学上のリスクの表面化は予想がつきません。

そんな中、世界で唯一買われたのはいつものように資本逃避先である米国債でした。何年かごとに繰り返される資本逃避ですが、米国債だけが不変の強さを示す好例になりました。10年以上にわたる日銀による異次元の金融緩和ですが、インフレ抑制に必要な利上げが始まると、シリコンバレー・バンクのように金融機関が保有する債券価格は暴落し、いつ取り付け騒ぎが勃発するか予想はつきません。

「転ばぬ先の杖」、それは私がおすすめする米国債だけです。

私は大学を卒業して日本航空に就職し、ニューヨークの支社に駐在中にアメリカの投資銀行の存在を知り、チャンスを得て転職しました。その後10年余り、大手投資銀行であるソロモン・ブラザーズで債券投資の世界に身を置き、社債などで資金を調達する企業の手伝いをする債券資本市場部で責任者を務めていました。投資といえば株式投資というギャンブルの世界しかご存知ない方には、世界の株式の時価総額より債券の発行残高のほうが多いということをまずお知らせしておきます。投資の世界の半分以上は、安全な債券でできあがっているのです。

私は、そうした安全性の高い投資の世界をお知らせするためにブログを書いています。そのブログでは読者が自由にコメントを書き込めるようにしてあるのですが、大勢のみなさんが、そこにたどり着いた喜びや、投資のストレスから解き放たれた喜びを書き込んでくれています。ブログにたどり着いたばかりで、まだ投資を始めていない方もそのような書き込みをなさっているのです。実際にどのような書き込みがあるか知りたい方はこちらのサイトでご確認ください。(https://blog.goo.ne.jp/keihayashi1218)

ストレスフリーの資産運用

何故たどり着いただけで喜びを感じることができるのか。その理由は、「これで幸せに人生を過ごせる」という指針が得られるからです。多くの方が実行されている株式投資の世界がいかにみなさんを疲弊させてきたかということの証左でもあります。

株式投資においては、どんな銘柄にせよ購入したら株価が気になってしかたないはずです。

スマホで株価をいつでもチェックできる時代なので、始終気にしている状態に陥るのではないでしょうか。株価が上がれば天国ですが、下がれば地獄です。天国と地獄を行ったり来たりする生活なんて、ストレス以外の何物でもありません。ひどい場合にはうつ状態になるほど、株式投資とは恐ろしいものです。

「ストレスフリーの資産運用」というタイトルの私のブログは、2011年に始めてから12年が経過しました。週に1回程度のアップですがかなりの分量になっていて、サイトへの累計アクセス数はすでに450万回を超えています。読者の方々の声の中でも特徴的で有用なものは、本書でも引用してありますので、ブログをすべて読んでいただく必要はありません。

世の中が老後資金不足の話題で大騒ぎとなり、株式投資信託だNISAだと言って沸き立つのを尻目に、私のブログにはこれまで投資に翻弄されてさんざん損を出したり、従来の投資法に疑問を感じたりしている方々が答えを求めて集まっています。2000万円の老後資金不足への対処として、この本では「自分で年金を作る方法」も詳しく解説してあります。それも株式相場などに左右されない超安全な方法による投資です。コロナ禍によって国債の金利も一時大きく低下しましたが、そのような時はどのように考え行動するのが賢明か、私なりの考えも書かせていただきました。

逆に投資でうまく儲けを出し、老後に向け十分な財産を築いた方々も、最終到達点として私のブログにたどり着き、ここで投資の毒素を抜くデトックスをされ、幸せな日々に入られています。

投資でまだ儲かってもいないのに幸せになんかなれるかって？

それがなれるのです。宝島＝トレジャー・アイランドならぬ、「トレジャリー・アイランド」にたどり着けさえすれば。

米国債の英文略語はトレジャリー・ボンド。財務省証券ですので、私は宝島になぞらえストレスフリーの幸せ投資の世界を「トレジャリー・アイランド」と呼んでいます。この本はその世界にみなさんを招待する本です。

私のブログの読者の52歳（当時）の方から２０１４年9月にいただいた感謝の言葉を引用させていただきます。


林さんのご本やブログに謳われている「ストレスフリー投資」に幸運にも出会えて、人生の過ごし方が本当に変わりました！　決して大げさな言い回しでなく、「お金の心配」に向けられていた意識が、毎日の生活の中で見つける細やかなりとも豊かな「幸せ」にちゃんと向くようになり、生き方も幸福度も本当にアップしました。

20余年の投資人生は、証券会社の担当者と私の欲の二人三脚で、一瞬儲かったらすぐに大損。すると担当者はすげ替えられ、損は損切りで気持ちを無理やり整理する散々な結果でした。

確かに若い頃は投資＝リスク＝利益と思って、私の中の欲に押され、自分で理論的にも数値的にも理解できていない投資先に、無謀にもお金を向けていました。でも、もっと早く林さんに出会えていたら、理解↓自信↓運用↓利益と来る間、ストレスフリーで違った時間の過ごし方が出来たと思います。

今はおかげさまで私の欲も小さくなり、残存寿命と持っているお金の帳尻さえ合えばそれでいいし、長い田舎暮らしで少しずつ創ってきた快適で安心な環境の中で暮らしを楽しむことが嬉しくって。そこにはもうお金に苦しむ私はいません。今はこの国や世界の愚かな治世者や、いつ来るとも知れないまさかの天変地異に対して、増やすのではなく、今あるお金を守るべく運用したい。それは米国債だと思っています。

私は林さんに本当に助けて頂きました。ブログの書きぶりから透けてみえるお人柄にも好感と信頼を寄せています。

ちょっと私をほめすぎかもしれません。でもブログにはこうした「人生が変わった」とおっしゃる方々から、感謝の言葉がたくさん寄せられています（コメント欄では私のことを林さんとか林先生と書く方がほとんどです。面《おも》はゆいのですが、引用文のため以降もそのままにさせていただきます）。

「投資とはリスクを取ることだ」というような物言いがありますが、本当にそうでしょうか。大事なお金をそんな訳のわからない「リスク」にさらす必要があるのでしょうか。

世の中には超安全な「ストレスフリーの幸せ投資」があるのです。繰り返しになりますが、米国債への投資です。それこそが人生を本当にエンジョイするための投資法なのです。

私は本書でみなさんにそのことを伝えたいと思っています。

目次

はじめに　2
第一章　国に任せても、あなたのお金は守れません。　13
第二章　私が米国債投資をススめる理由　39
第三章　ストレスフリー投資＝米国債投資のススメ　75
第四章　米国債で自分年金を作る方法　113
第五章　「お金のリスク」にご用心　173
終　章　平成とはどんな時代だったか　205
あとがき　214

ブックデザイン：bookwall

第一章

国に任せても、あなたのお金は守れません。

アベノミクスによって、みなさんの手元にお金は届きましたか？

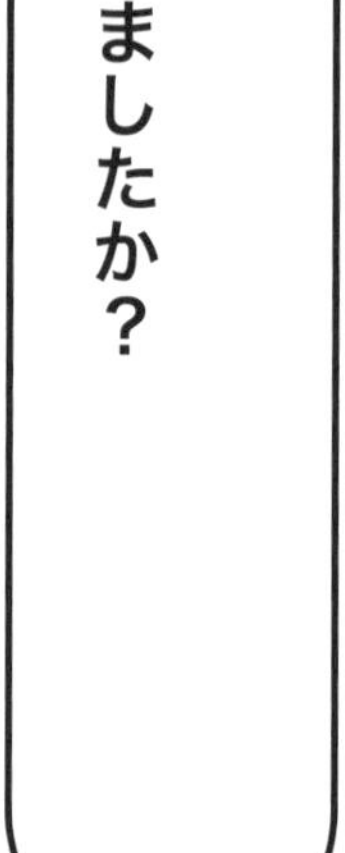

みなさんに質問です。

投資で大事なことはなんでしょうか。

儲けること？

いいえ、違います。まずは「投資をしている最中も終わってからも平穏無事であること」、つまり、損失におびえたりしないでストレスフリーの幸せな生活が送れることです。そして最終的には、「儲かったオカネを使って幸せになること」です。オカネを使う段になっても、残ったオカネを株式などに投資してしまうと実は大きなストレスを感じるため、人生を心からエンジョイすることはできません。残ったオカネも超安全なところにしっかりと置いておけば、本当に人生をエンジョイすることができるのです。

株式投資をメインにした普通の投資は、本質的にギャンブルと変わりません。投資を始めたとたんに毎日の相場に翻弄され、これまでせっかく平穏無事だった生活が、得した損した

とストレスいっぱいの生活に様変わりします。ギャンブルで幸せになった人はいません。負ければ取り戻そうとのめりこみ、勝てばさらに勝とうとしてのめりこむ。投資家とはインテリの皮を被ったギャンブラーです。そして投資の世界とは、終わりのない無間《むけん》地獄の世界です。これまで様々な投資を経験されたみなさんであればきっとそれを理解できるでしょう。

政府は「貯蓄から投資へ」というような標語を作り、「欧米では家計の資産の多くは株式投資に向けられ、資産形成を行っている」と言いながら、我々を懸命にギャンブルに向かわせようと煽《あお》っています。人口が減少し成長の時代が終わりかけている国に、本当に安全有利な投資機会はあるのでしょうか。

成長を煽るために政府や日銀は恒常的に政策を打ち続けています。毎年とんでもない巨額の財政出動を赤字国債発行でまかない、金利をマイナスにまで低下させ、日銀までが株を買ってギャンブルを後押しし、行き渡るはずのない資金を無理やり供給しようとする。その結果として、みなさんの手元にオカネは届きましたか。

心ある人たちは政策が積み重ねられるごとに逆に不安を積み重ねてしまっています。不安を無視して無理に無理を重ねれば、いずれはほとんどの人が不安の塊になり、人生を台無しにしてしまいます。心ある人たちには日本の結末はもうとっくに見えているのに、政府・日銀は愚策を止めることができません。そんな政府の言うことを真《ま》に受けて、リスクの高い投資にのめりこんではいけません。

日本政府は危うい政策を実施していることを理解しましょう

保有資産に対する防衛本能が国民の間に蔓延している現状に対して、政府がやっていることとは一体なんでしょうか。前項で書いたように、「貯蓄から投資へ」を合言葉に投資優遇策を打ち出し、リスクの高い株式投資を促しているのです。

将来への不安がある限り、日本人の多くは政府の大本営発表に踊らされることはありません。日本政府は信用されていません。何故なら巨額の債務を積み上げた張本人は政府で、その失政を行った政府の言っていることなど信用できないからです。

バブル崩壊以降すでに30年以上が経過していますが、今に至るまで個人の金融資産は大半が預貯金のまま置かれてきました。実に賢い選択です。株式に投資をしていてもよほどうま

く売買しない限り儲かりませんでした。不動産投資もしかり。低金利のまま置いてある円預金はほとんど増えませんでしたが、少なくとも損することはなく、そのまま放っておいても円高やデフレのためドルベースで見ると知らず知らずのうちに価値を増していました。

おかげで賃金や年金が増えなくても生活が苦しくなることはなく、デフレによる物価下落でむしろ実質的に暮らし向きは向上していたのです。

バブル崩壊時にドル円レートは１５０円程度で、それが一時的にせよ80円を切るところまで上昇したということは、我々の資産は為替変動だけで約2倍近い価値の上昇があったのです。そして円高による輸入物価の低下を通じて、我々の生活レベルを実質的には改善してくれました。物価の下落によりお金の相対的価値が増し、海外旅行も割安感が出て、多くの方が強い円で海外旅行をエンジョイすることができました。

アベノミクスによりそれが円安方向に逆転し、訪日外国人旅行客が激増しました。しかしそれを単純に喜んではいけません。その分、我々は海外旅行に行きづらくなったからです。我々の預貯金や家などの不動産はすべて円建ての資産ですから、対外的価値を大きく減らしたのです。しかも日用品や食料品など輸入に頼っている多くの商品は円安で値上がりしているため、給料や年金額が実質的に目減りすることになります。

その間株式投資でうまく相場に乗った人は日銀の買い支えもあり、利益を出すことができました。しかし、今後もそれが継続するかは保証の限りではありません。

日本はすでに輸出より輸入の多い貿易赤字が定着しつつあり、それが円安を招きます。原油価格が低迷している時だけは一息つけますが、そうでないとエネルギー価格や食料品などの値上がりに直結し、貿易収支を悪化させます。貿易立国ではあっても、貿易黒字国ではない。円安こそが日本経済の活性化の源だなどというアベノミクスの誤った認識を早く改めるべきです。

「円安はいいことだ」というのは幻想です

政府や財界は「貿易立国だから円安はいいことだ」という幻想から抜けられずにいます。
しかし輸出で稼げる競争力の強い産業は、自動車以外にはほとんどなくなりつつあります。その自動車も、生産は海外拠点に移り、いずれ電気で動く車が主力になると、将来は危うくなります。２０２０年から始まったコロナ危機や22年2月からのロシアによるウクライナ侵

攻などで食料・エネルギー価格が高騰し、円安がそれに拍車を掛けました。

もちろん日本全体では、海外投資からのリターンが大きくなっているので、利益配当の日本への送金を考えると円安が有利に働きます。しかし個人で円資産より外貨資産を多く保有している人はほとんどいませんので、実は多くのみなさんにとって円安は資産の相対的目減りになるのでマイナスの効果を持っています。

みなさんの資産とは、保有する預貯金だけではありません。もし自宅を持っていればそれも円建て資産ですし、今後得られる賃金収入も10年20年分を合計すれば巨額の円資産なのです。もっと言えば、リタイア後の退職金や年金もまさに円資産で、円安とはそうした将来見込まれる資産まですべて減らしてしまう恐ろしい仕掛けなのです。

みなさんがご自分の資産を評価する場合、自国通貨の円だけでなく、ドルをベースにする発想はとても大事なのですが、日本でそうした発想をする方はほとんどいません。価値が上がっている時の円は、その時にこそ大いに使うべきなのです。海外旅行を楽しむのもよし、ドル資産に投資をするのもよし。ただ円で預金するだけでは宝の持ち腐れです。

円資産のみの場合、あなたの資産はいくらになるか把握していますか？

　投資をしていなければリスクを取っていない、と思われていませんか。それは間違っています。みなさんは円で現預金を持ち、日本に住宅という円建ての不動産投資をしているので、どっぷりと円のリスクにはまっています。自宅は投資ではないと思うのも間違いです。賃貸物件であれば不動産の下落リスクを避けられますが、保有していれば避けられません。また円が大きく下落すると、ドルに換算した不動産価格は大幅に下落します。世界標準の投資基準はドルで測ります。

　そんなの関係ない、と主張してもダメです。何故なら家を売ってその分でドルを買っておけば、大きく値上がりするので、円建ての資産のみを保有することは円のリスクをまるまる取っていることになるのです。しかもそれは円に一点張りをしているという集中のリスクにもさらされています。

　不動産価値が３０００万円、現預金が１０００万円あるとして、現預金の１０００万円分をすべてドルに投資しても、全資産の4分の1しかヘッジできていない、つまり保険を部分的にしか掛けていないことになります。

そしてもしあなたがサラリーマンであればこの先も給与や年金はすべて円で受け取ります。例えばあと20年働くとして年収に20年を掛けてください。さらに年金を20年もらうとすれば、その予定額に20年を掛けてください。両者を不動産の価格にプラスすると、相当な額になると思います。すると1000万円の現預金を全額ドルに換えても、外貨の割合はいくらでもないということがわかると思います。

政府は国民を騙し続けているとしか言いようがありません

あなたのお金を守るのは誰でしょうか？　円安政策を推し進める政府や日銀は、あなたのお金を守ってくれるのでしょうか？
私にはそうは思えません。投資に絞って考えても、ＮＩＳＡしかり、公的年金の長期計画

しかり。そして今なによりも我々国民が心配しているのは国家財政です。政府は日銀と一緒になって一発逆転の博打を打っていますが、２年で終わるはずの異次元緩和策が10年を経ても奏功していません。日銀が国債に張った賭け金が５８１兆円余り、株に張った賭け金が日本経済研究センターによると２０２２年11月末で52兆円と推定され、あまりにも莫大になってしまいました。

すでに一線を越えているため、巻き戻すこともできず、賭けを止めることもできません。私には、負けるたびに賭け金を倍々にしていく博打打ちのように見えるのです。いつかは逆転勝利がくるはずと信じて賭け続けていますが、実は単に引くに引けなくなっているだけという状態。株で言えば安くなるたびに平均買値を下げようとナンピン買いを続け、泥沼にはまる投資家のようなものです。

政府がこんなことを続けていて、問題はないのでしょうか。国民を騙し続けているとしか言いようがありません。

我々は知らず知らずのうちに円のリスクを何重にも取らされているのです。

家やマンションを持っていればそれは円資産なので、日本円のリスクを取っていることになります。日本の会社に勤めていれば、会社も日本のリスクにどっぷりとつかっていますので、そこでも日本のリスクを取っています。そして大事な年金はどうでしょう。我々は強制的に年金を積み立てさせられています。その資金は政府の指定するＧＰＩＦ（年金積立金管理運用独立行政法人）というところで運用されています。そして政府の指令どおり、この数年でリスクの高い株式市場に大きく軸足を移しました。そこでも我々は日本国や株式相場のリスクを強制的に取らされています。

他国を見てみると、例えばノルウェーの年金はリスク分散の観点から、ノルウェー以外の海外資産に投資されています。詳細は後述しますが、それが本来あるべき姿です。日本の年金や有力な貯蓄手段である郵貯は、従来から政府の赤字を補塡《ほてん》するべく赤字国債を引き受け、日本国債を中心に運用されていました。政府は自分の赤字を国民の懐に押し付けている。私から見るとそれは政府が国民を騙しているに等しい行為です。そして国債の金利が低くなると、今度はリスクの高い株式に軸足を移しているのです。日本人の投資に対する理解度の低さを利用して国民を騙し、国民のカネをかすめ取るに等しい行為です。

我々はそうした公的年金によるリスクの取り方を糾弾する手立てを持ち合わせていません。郵貯であれば貯金を引き出せば済みますが、年金は強制積み立てだし、運用はＧＰＩＦに一任されているので、我々は手も足も出せません。

では、政府はみなさんになりかわりそうした年金でひとり当たりいくらを運用しているのでしょうか。簡単に計算してみましょう。

年間にもらえる年金を夫婦で２００万円と仮定し、20年間もらい続けるとすれば単純計算で４０００万円にもなります。そのような莫大な金額を、政府は年金システムを通じて勝手に使い込んでいるのと同じです。日本の国債をメインの投資先の一つとしていることは、預かり金の使い込みと変わりありません。何故なら日本の国債は返済の当てなど全くない莫大な借金だからです。

年金受給額が減少するのは間違いないでしょう

年金運用機関であるＧＰＩＦはこの数年で投資先を株式市場に移していると前述しました。

それは政府と一体になった日銀による大量の国債買いにより債券価格が上昇してしまい、新たに債券投資をしても利回りの低下で割に合わないからです。このことは郵貯や簡保など国債投資に頼ってきた金融機関も同様で、国債への投資がまともなリターンをもたらさなくなります。

低金利の影響は年金会計に悪影響を及ぼし、将来の我々の年金受給額が減少するのは間違いないでしょう。また郵貯や簡保にオカネを預けている人にとっては、金利が低すぎて生活設計に狂いが出てしまいます。

しかし最も危険なのは、財政上の収入不足を無制限の国債発行でまかなっている政府が、歳出削減をしようと思わなくなってしまったことです。政府は日銀と一体となって低金利を演出し、財政赤字の深刻さを国民の目からそらしているのです。国債の大増発により国債の価格が下落し、金利が上昇すると、発行量を減らさなくてはいけないとか、歳出を抑えようということになるのですが、日銀の大量引き受けによって金利上昇を抑えればそうした政策をとる必要がなく、政府は慢心します。さらに日銀のマイナス金利政策により、政府は赤字国債を発行すればするほど儲かる仕組みになってしまいました。これでは赤字削減などするはずはありません。

そして一部の識者が、日本は政府がいくら国債を発行しても大丈夫だ、というような根拠のない主張を繰り返すことで、政治家もそれに乗せられ、楽観論が横行するようになってしまいました。こうした状況はとても危険なことです。

その上、一時期アメリカの学者がＭＭＴ（モダン・マネタリー・セオリー）なる超怪しげな理論を展開し、日本の一部の識者や政府関係者がそれに乗ってしまっています。そのセオリーは「自国通貨建ての借金であれば、いくら借金をしても財政が破綻することはない」というものです。だったら税金徴収などやめればいいし、政府はいくらでも年金を払えばいい。そんなバカな理論を一部の経済学者や評論家が唱えています。もちろんまともな学者は真っ向から否定しています。もっともこのＭＭＴですが、最近のアメリカではインフレと金利の急上昇により、理論的根拠を失いつつあり、提唱者も相手にされなくなっています。

政府・日銀は世の中にオカネをジャブジャブにして金利を下げ、物価を上げ、銀行貸し出しを増やし、民間企業の投資を促す政策を標榜し、異次元の緩和策を導入しました。しかしもともと企業は手元資金が潤沢で、異次元緩和の前から金利は低かったので、さらなる金利低下など設備投資のインセンティブにならないことを政府はわかっていたはずです。それでも実行したのは、「異次元緩和」という言葉の魔術で国民や企業を騙せると思っていたに違いありません。「異次元緩和」という呪文の響きが株式や不動産などの資産バブルを作り出し、物価も上昇するに違いないという皮算用でした。

ところが、いくらマネーをジャブジャブに供給してもいっこうに功を奏さないため政府や日銀は口をそろえて「景気は着実に回復し、物価も着実に上昇している」と大本営発表を続けました。それでも成果の出ない緩和策に対して、市場関係者の中から「このまま本当に継続していてよいのか」という疑念の声が上がり始めました。アメリカや欧州が超緩和策から抜け出しつつあるため、「果たしてこの政策には出口があるのか」という議論が国内でも起こっています。

日銀の国債保有額は、2023年3月末時点で581兆円余りと、GDPの550兆円を超えていて、市場には国債があまり残っていません。そのため長期金利の指標となる10年もの指標国債の取引が一日中成立しない、という異常事態まで起こっています。これを「流動性の枯渇」と呼び、金融の世界では最も恐ろしい事態に立ち至っていると解釈されています（※「流動性」に関しては後述します）。

ここまで見てきたように、政府や日銀は超緩和策できっとバブルを創出できるという確信のもとに国民を騙しにかかったのですが、実際には国民は踊らされず、騙されることはありませんでした。むしろ、1990年代初めのバブル崩壊以降、財政出動という名の無駄遣いによる累積債務の異常さにおびえています。自己防衛のために預金はしても、株式や不動産に投資などしません。金融機関などにすすめられて不動産投資をしているのは相続税対策で、税制上のメリットを受けようとする一部のお金持ちだけです。それも実はとらぬ狸の皮算用に終わる可能性大のインチキなシミュレーションによるものがほとんどです。「かぼちゃの馬車投資（※1）」への融資にのめりこんだ個人とそれを煽ったスルガ銀行は破綻に瀕しました。今後もアパート投資の甘い言葉にのめりこんだ地銀と投資家には同様のことが待っているでしょう。

※1　**かぼちゃの馬車投資事件**：女性向けシェアハウスへの投資のことで、一般投資家向けに高利回りを謳い多くの投資家を集めたが、利回りは見込みをかなり下回り、2017年頃から多数の投資家がローンの返済不能に陥った事件。

新型コロナウイルス対策による日本財政の逼迫

２０２０年以降の新型コロナウイルスの蔓延は、日本政府の債務超過を助長する方向に作用しています。感染防止のため政府はある程度の封鎖措置をとる必要がありましたが、一方ではなんとしても国民経済を下支えし、大不況に至ることのないよう財政出動に頼らざるを得ませんでした。そうせざるを得なかったのは政府、経済界、国民の誰しもが認めるところです。

だからと言って、もともと過剰な債務をさらに積み上げて危険性が高まることを国際金融市場は見逃してくれません。世界にはドイツのように健全な財政を常に維持しながら欧州の盟主の地位を確立している国があります。ドイツはこの非常事態においては財政を出動させ、EU全体の経済の底上げのリーダーシップを取り、自らが欧州の財布の役割を果たしています。

平時だったコロナ禍前の10年ほどの日本政府の平均的歳出予算は１００兆円。歳入は60兆円しかないため、赤字国債を40兆円ほど発行していると大本営は発表しています。しかしこの数字には毎年必要な過去に発行された国債を借り換えるための発行額が含まれていません。それが１１０兆円もあるため、実際には毎年１５０兆円ほど国債は発行されています。それがコロナ禍が始まった２０２０年以降、２５７兆円、２１１兆円、２２７兆円と歳入額の3～4倍も発行されているのが現実です。その結果、日本の累積債務は、GDPの263%を超えました。海外投資家はその異常さがいつか日本国債の暴落を招くに違いないと踏んで、空売《から》りを仕掛け、大儲けのチャンスを狙っていますが、日本政府は赤字垂れ流しの根本治療ができないため、日銀と謀って空売りの規制を画策しています。しかし果たして奏功するかは極めて疑問です。

若い世代は、果たして年金をもらえるのでしょうか？

現在の日本に漠然とした不安と閉塞感を抱いている若い方の多さにはとても驚かされます。特に社会に出て10年くらい経験を積んだ方とお話ししますと、経済や政治の仕組みをある程度勉強されていて、日本という国に明るい展望を持てない方が非常に多いのです。

知れば知るほどおかしいと感じる一番の原因は、個人の力ではどうにもならない政府の巨額の借金への不安、そして年金や社会保障の世代間の不公平さが根本にあるようです。親の世代が勝手に積み上げた国の累積債務問題や、年金が受け取れるかどうかの不安です。そのためか、「はじめに」でご紹介した52歳（当時）の独身のサラリーマンの方は、すでに１０００万円もの貯金を貯めたそうです。そして私の最初の著書『証券会社が売りたがらない米国債を買え！』に出会ってからは、毎年50万円ずつ米国債の長期債を買って、将来のリスクに備え、自分年金を作っていく予定だとおっしゃっています。

ほとんどの若い方は「年金なんかまともにもらえっこない」とあきらめの境地にあるため、年金の強制積み立てには抵抗を感じています。年金は自分たちが積み立てたものを現在の老人世代がせっせと使い、自分たちがいざ受け取る年齢になった時にはろくに残っていないに違いないと思っています。人口減少が止まらないので、自分たちを支えてくれる世代はいないことを知っています。特に政治家が特定の政治的意図をもって、年金資金を無理やり高リスクの株式投資などに向けたりするので、不満や不安が募るのも無理はありません。

将来の年金について厚生労働省や民間研究者の見通しを端的に書くと「破綻はしないが、受給レベルは低下する」です。しかし２０１９年、金融庁は受給レベルの低下どころか、公的年金だけでは老後に２０００万円も不足するという検討結果をまとめました。しかもそれに対する国民の反響の大きさに驚き、報告書を作れと命令した大臣が報告書を受け取らないという暴挙に出て、世間の失笑を買いました。若い方はそうした不足がわかっているため、消費には力が入らず将来に備え貯蓄に励むのです。あるいは買いたいものを我慢するのです。日本は世界に誇れるほどの家計の金融資産があります。しかし、その資産が現預金に偏っている稀有《けう》な国でもあります。私からすれば、それは決して自慢するようなことではなく、政府が信用ならないのと、信用のおける投資先がないことの裏返しとしか思えません。

成長力を失った経済は、若者たちに安定的な職業や地位、十分な収入をもたらすことができません。貯めたくても元手となる所得を十分に得ることができないのです。日本政府は、少子化対策以前に、結婚すらできない状況に置かれている若者が多い現実に目を向けるべきだと思います。

将来に対する不安は若い方だけではありません。すでに年金を相当程度国庫に積み上げている世代の方、そして現在好条件で年金を受給している高齢者も不透明な将来に不安を覚えているのです。

NISAや流行の投資に騙されてはいけません

政府が推奨しているＮＩＳＡに関しても触れておこうと思います。

ＮＩＳＡとは、２０１４年から始まった少額投資非課税制度のことですが、私はかつてブログでこう予想していました。

「みなさんがＮＩＳＡの枠を使い投資額が膨らむと、政府はきっと５年の期限を延長するなど条件を変更してくる可能性が高いでしょう。得失にかかわらず、とにかく継続投資させるために年間の枠を拡大することも大いにあり得ます。枠をどんどん拡げたいからです。理由は、政府はいったん預金から株式投資に移させた資金は、元に戻したくないのです。その根本理由は、家計の金融資産をリスクマネーに変換させたいからです」

その後ほぼそのとおり制度は延長され、新たなつみたてＮＩＳＡだ、ジュニアＮＩＳＡだと、ますます多くの国民をギャンブルに駆り立てています。

そして昨年末、岸田政権は「新ＮＩＳＡ」を打ち出し、２階建て方式を導入しました。新制度に関しては「改良だ」「改悪だ」と人によって意見が分かれるところでしょうが、私は「現行制度と比べて本質的な部分に変化はない」という点を強調したいと思います。本質的な部分とは「リスクの高い株式や、株式をメインとする投資信託やＲＥＩＴ《リート》にのみ投資させること」で、安全な債券投資は認められていません。国民をギャンブルに駆り立てるという点においては、現行制度も新制度も同じなのです。

さらに、新制度の「2階建て」の部分について同世代の友人に内容が理解できるかを問いかけると、ほとんどすべての友人が理解不能だと回答しています。相変わらず政府のやることはおりこうさんな官僚が頭の中で作り上げるため、制度さえ理解できない複雑なものになりそうです。

証券会社にとってもNISAほどおいしいものはありません。政府の肝煎りであるとの宣伝文句で、これまで投資とは無縁だった人をギャンブルに誘い込めるからです。すでに長年株式投資をしてきた人も、配当や値上がり益に課税されないとなればNISA口座を開き、課税口座から移動させます。そこがミソで、本来であれば単に口座を変更すればいいだけなのに、一度市場で売却させて買い戻すことが必要となるシステムになっています。つまりその売買手数料を丸儲けできるのです。

これはNISAだけに言えることではありませんが、株式投資をする人は、本来自分が株式投資をするのに適正であるかを、客観的に評価してもらう必要があります。例えば高齢者でオレオレ詐欺に簡単に引っかかってしまうような方は、株式投資など絶対にすべきではありません。しかし政府はそんなことはお構いなし。投資家の自己判断・自己責任に任せています。高齢者の車の運転と同様に、世の中に不適格な方がいる限り、それはおかしいのです。認知症のテストは運転だけでなく、投資の際もするべきですが、政府は絶対にやらないでしょう。

ここまではみなさんもある程度は納得できるもっともなことを私は言っています。ところが実は一番問題なのは、誰が見てもその人の投資適格性に問題はなさそうだし高齢者でもない、という普通の方が、投資のリテラシーも基礎知識も持たずに投資に踏み切ることです。

そしてそうした方々に向け、「NISAは格好の撒き餌」なのです。

大きな損失が出た時に証券会社や政府は何と言うでしょう。決まり文句、「投資は自己責任」です。政府推奨の制度が安全だ、などということは絶対にありません。しかし政府が鳴り物入りで作り、首相自ら広報活動まで行うと、誰もが安心して使えるものだと信じてしまうのが現実です。

もう一つ最近の新NISA導入とあわせて証券会社が力を入れているのが、投資信託、なかでもETFの普及を広める動きです。そもそもETFがなんであるか、ご存知でしょうか。

元の英語は「Exchange Traded Fund」、日本語では「上場投資信託」と呼ばれ、日経平均株価やＴＯＰＩＸ（東証株価指数）、Ｓ＆Ｐ５００（スタンダード・アンド・プアーズ５００種指数）等に連動するように運用されている投資信託の一種です。

一般的にＥＴＦが連動を目指す指数は複数の銘柄で構成されているため、ＥＴＦの投資対象も複数の銘柄になります。よってＥＴＦは、投資信託同様、１銘柄に投資するだけで分散投資が可能となります。また、ＥＴＦは取引所に上場しているので、株式のようにリアルタイムで取引することができます。

それがあたかもＥＴＦのメリットのように語られていますが、ＥＴＦが安全だなどということは全くありません。市場全体に合わせて大きく上下動を繰り返します。そして一般株式同様、終わりのない投資です。償還期限と償還額が決まっていて返済額が保証されるものではないのです。

ＥＴＦには債券ＥＴＦもありますが、これもやはり株式ＥＴＦ同様、価格は市場に影響され大きく変動する可能性がありますし、償還期限がありません。債券ＥＴＦと現物の債券は全く別物で、私がおすすめするのは現物の債券だけです。

再度申し上げます。世の中にはとことんリスクの低い投資があります。私のおすすめする債券投資です。それもリスクの高い新興国債券や格付けの低いジャンクボンドと言われる社債、そして財政破綻懸念のある日本国債などを避け、世界で最も安全なアメリカの国債、米国債への投資です。そしてそれらはＮＩＳＡ口座では買うことができません。そんなバカな、ということが政府により行われているのがおかしな国日本の投資なのです。

投資の知識のない方が引き込まれ、なけなしの退職金などを減らしてしまうのを見るにつけ、政府も証券会社も国民を騙すことがあるのだということを、みなさんも肝に銘じておく必要があります。

岸田首相は就任以来一貫して「新しい資本主義」を標榜し、日本経済の活性化に取り組んでいます。しかし新しい資本主義などという大上段に構えた大風呂敷にはほとんど中身らしい中身は示されていません。そもそも資本主義を根本的に変えるなどということを言わなければいいのに、というのが私の感想です。

資本主義は初期には完全な自由競争からスタートしたものの、大恐慌などを経て国家が財政を使って介入したり、国民の福祉を重視する社会主義的色彩を帯びたり、それが行き過ぎるといま一度新自由主義と呼ばれる自由競争に戻ったりしています。そうした大きな変貌を目指すならまだしも、小手先の経済対策を実施するくらいで「新しい資本主義」などと言えば、世界では笑いものになるだけです。子育て支援、新ＮＩＳＡ、法人税引き上げ、大変結構です。しかしそれらを足し合わせても岸田ノミクスでもなんでもないし、ましてや新しい資本主義では決してありません。

第二章

私が米国債投資をススめる理由

日本政府や日銀がやっていることは信頼に値しません

第一章で説明してきたように日本国は信用できません。政府自体が財政赤字を顧みないし、中央銀行の日銀がその支援をしているという極めて異形《いぎょう》の国です。

２０１２年末にアベノミクスが導入されました。そして２０１３年３月に黒田東彦《はるひこ》氏が日銀総裁に就任すると、日銀は国の発行する国債をどんどん買い上げはじめました。その量は２０２２年には国債総発行残高の５割にも達していて、日銀資産の中身は国のカラ手形である国債しかないような状態になってしまいました。その後の政権と２０２３年春に就任した植田総裁もこの政策を継続しています。

日銀による国債買い入れがまかり通るというのはとんでもないことです。日本でも、財政法第５条で、原則として日銀が直接国債を購入することを禁止しています。政府発行の国債は発行直後にいったん民間銀行などが買い入れ、それを日銀が市場から買い取っており、法律をかいくぐったつもりですが、法治国家とは思えない行為が白昼堂々と行われていると言っても過言ではありません。そんな国家を信用しろと言われても無理があります。

日本政府の借金はGDP対比で263％という途方もない額に膨らみ、それでも政府は借金を膨らませ続け、財政の黒字化は全く見通しが立っていない状態です。その上、2024年末には団塊の世代が全員後期高齢者になり年金に寄りかかり医療介護費が膨らみます。しかも、その団塊の世代が完全にリタイアしてしまえば所得税収入は減少しますので、財政の悪化は間違いなく大きく進みます。

日本の財政は破綻しないという論者には、こう言ってあげましょう。こんなことをしていても永久に破綻しないなら、世界には何故、国家財政に行き詰まる国が出て破綻するのでしょう。日本と同じことをすれば破綻しないはずです。

しかし多くの国家は政府の無駄遣いの結果、破綻しています。日本もかつて太平洋戦争直後に破綻しました。円の価値は戦前の1ドル4・25円が360円と、100分の1近くに減価しました。実質的破綻です。それがまた起こる可能性は大いにあります。

リーマンショック後に日本と同じような緩和政策をとっていたアメリカの中央銀行に当たるFRBは、数年前にすでに国債の購入をやめて緩和策を停止。健全化の道を歩み始めました、利上げを通じて引き締め段階に入っていきました。その後コロナの蔓延による経済立て直しのため再度利下げなどの緩和策をとりましたが、それも2022年春には停止し、利上げによる正常化への軌道を歩み始めました。ユーロ圏の中央銀行にあたるECBもEU各国の国債を買っていましたが、それをすでに停止して、利上げに進みつつありますし、借金漬けの国の国債は危険なので買いませんでした。EUは各国の財政を常に監視下に置いて、むやみな借金は許しません。それでこそ財政秩序が保てますし、通貨の信頼も保てるのです。

新型コロナウイルスの世界的流行による経済対策のため、日本も欧米も国債を大増発しましたが、日本の発行残高は他国に比べて圧倒的に危険な水域にあります。一方で米国債は安全です。利上げができるからです。

利上げができる国は安全性が高く、できない国は危うい国なのです。

この章では米国債の安全性を私なりに解説しようと思いますが、米国債をすすめると多くの方にこう聞かれます。

「アメリカは本当に信頼できるのでしょうか？」

できます。少なくとも日本よりはるかに安全です。

私の最初の著書『証券会社が売りたがらない米国債を買え！』は2011年8月に出版されました。出版当時はリーマンショックの後だったこともあり、アメリカの安全性について懐疑的な方が多く、米国債は本当にデフォルトしないのかという議論が大真面目になされました。当時はまだ日本国債に関して大きな疑念を持つ人がさほど多くなかったからかもしれません。

しかし12年を経た今、アメリカ経済の強さを見せつけられた結果、日銀を巻き込んだアベノミクスによって支えられている日本のほうが安全だと本気で思う人は少なくなってきています。特に若い世代の人たちは日本財政と年金には懐疑的で、自己防衛を心がけるようになっています。

米国債が安全である理由を説明します

国が信用できない以上、あなたの資産は自分で守らなくてはいけません。資産を守る、あるいは運用する手段の一つが投資です。

投資の基本の一つは、リスクの分散にあります。みなさんはご自分の資産リスクの偏りを意識されたことはありますか。投資をしていない方は、リスクなどという言葉すら気に留めたことはないと思います。でもいったん投資をするとなると、様々なリスクがあることに気づかされます。例えば株式投資や株式投資信託はどうでしょう。リスクを並べますと、

- 投資対象の倒産リスク
- 景気変動や業績による株価変動リスク
- 外貨建ての場合、上記に加えて為替リスク
- 資産の偏りリスク

などがあります。では、そのリスクを回避するには何をすべきでしょうか。

世界で一番安全な金融資産にオカネを置いておくことです。

「世界で一番」などということを正面切って言えるほど安全な金融資産などあるのでしょうか。

あります。何度も申し上げますが、究極の安全資産は米国債です。アメリカではリスクフリー資産といえば米国債を指し、リスクフリー金利といえば米国債金利なのです。

米ドル建てですので、為替リスクとアメリカという国の破綻のリスクを二重に取ることになります。それでも世界で一番安全な金融資産だと断言できます。

その理由は、以下のとおりです。

①アメリカ経済の潜在成長力の高さ：先進国では抜群に高い潜在成長力を持っています。

②産業競争力の高さ：世界で新たなハイテク製品を生み出している企業のほとんどがシリコンバレーに拠点をおいていて、そこにはベンチャー・スピリットを持つ優秀な若者が世界中から集まってきます。

③金融競争力の高さ：世界のマネーを集められる資本市場を有しています。また豊富なベンチャー・キャピタルなどのリスクマネーとベンチャー・キャピタリストなどの人材が、産業の支援をしています。それもシリコンバレーに集まっています。フィンテックやIoTやAIの競争力の源は広い意味でのIT分野ですが、それもシリコンバレーから生まれる可能性が高いと思います。

④食料・エネルギーの自給率の高さ：先進国の中ではアメリカが抜群の高さを有しています。特にシェール革命以降は、エネルギー資源も自給可能になっています。

⑤軍事力：言うまでもなく、世界一強力な軍事力を持っています。

⑥政府債務のGDP対比：日本の債務比率の半分しかないし、成長する国なので支払い能力も十分です。

これらの要素のどれ一つをとっても、世界にはアメリカに匹敵するような国・地域は見当たりません。資産としての米国債のリスクとは、決められたとおりの期日に金利が支払われ、元本が返済されるか否かです。アメリカの債務返済能力に不安材料は全くありません。

では果たしてアメリカにリスクは全くないのでしょうか。次項ではその点を説明します。

アメリカのリスクとはいったい何でしょうか?

２０２１年1月にはトランプ氏が大統領の座を追われ、バイデン氏が就任しました。トランプ氏は独善的な政策を掲げ、世界からのひんしゅくをものともせずに好き勝手な政策を展開しました。しかし彼の4年間、アメリカのファンダメンタルズはびくともせず経済は成長を続け、バイデン氏に替わっても大きな変化はありませんでした。つまり政権交代は巨大なアメリカ経済にとって雑音にはなっても決定打にはなり得ないことが証明されたのです。
もう一つのアメリカのリスクは時々話題になる「財政の崖」です。アメリカ政府が予算執行にあたり議会が支出を拒否するためデフォルトに陥るかもしれないという危惧です。何度も何度も大きなニュースになっていましたが、私はそのたびに「アメリカが崖から転落する

ことなどあり得ないので大丈夫です」と言い続けてきました。その理由は、財政の崖とは政争の具として使われているだけで、本当に財政状況が逼迫しているわけではないからです。最近はさすがに同じことが繰り返されるため、大きな騒動にはならなくなりました。みなさんも気にする必要はありません。

一方、世界の経済と地政学上のリスクによる市場の混乱ぶりは目を覆いたくなるほどです。リーマンショック以降の数年間をちょっと振り返っても、世界の金融市場を震撼させる事象が目白押しです。株価が暴落した原因となった事例を挙げますと、

- 2011年から繰り返されたユーロ危機。極めつきは2015年夏のギリシャをめぐる大騒動
- アメリカFRB議長バーナンキの量的緩和縮小に関する発言（2013年5月、）と、FRBによる利上げ（2015年12月）
- ウクライナとロシアを巡る1回目の危機（2014年）
- アメリカのシェール増産による逆オイルショック（2014年）
- 中国経済のスローダウン、中国株の暴落（2015年）
- Brexit（2016年）

- トランプ暴落、米中貿易摩擦から世界景気のスローダウン見通し（2018年12月）
- 中東、特にトランプの反イラン政策による危機的状況（2018年以降）
- 新型コロナウイルスショック（2020年以降）
- ロシアによる2回目のウクライナ侵攻（2022年2月）

こうしたことが起こるたびに株価は暴落を繰り返します。その中にあって一つだけ危機が起こるたびに買われる金融資産があります。それが米国債です。危機の程度が深ければ深いほど、世界中の投資家は他のリスク資産を売るとともに米国債を買ってリスクを回避する行動に出るのです。それを「フライト・トゥー・クオリティ」、質への逃避と呼びます。リスク資産とは、米国債以外のすべての金融資産を指す言葉で、株式はもとより、社債、保険商品なども含まれます。

その極め付きが世界を震撼させた金融危機「リーマンショック」です。最初は金融機関だけの危機でしたが、実体経済も大きくスローダウンし世界的大不況になりました。アメリカ発の大ショック。その時、世界の投資家たちはどのような行動を取ったのでしょうか。次項ではそのことを書きます。

リーマンショックや新型コロナウイルスショックの時、世界の投資家がどこに避難したかご存知ですか？

２００８年秋、アメリカを震源としたリーマンショックで世界が震撼し、世界中の株価が暴落しました。資源を中心とした商品価格も暴落したのを覚えていらっしゃる方も多いと思います。

このリーマンショックの時でさえ、世界の投資家が逃げ込み、価格が暴騰したのは米国債でした。不思議だと思いませんか。リーマンショックはアメリカが震源地でアメリカの株も不動産も暴落し、将来アメリカにも財政危機が起こるかもしれないとまで言われました。しかし今となってはそれが杞憂だったことに世界は気がつきました。それを初めから杞憂だということを知っていたのは実は米国債の相場だけでした。

新型コロナウイルスショックでは、それがまた再現されました。

新型コロナウイルスショックで世界の株式時価総額はおよそ３分の１があっという間に吹き飛びました。ですがその間、米国債は一貫して買われ続け、長期金利は２００８年のリーマンショック時よりもはるかに低下しています。金利の低下とは債券価格の上昇です。

新型コロナショックとリーマンショックの差は、実体経済の落ち込みのスピードが新型コロナウイルスショックのほうが大きかったことです。感染の恐れからメーカー、サービス業を問わず世界の経済活動はほとんど瞬時にストップする事態となり、我々の日常生活も脅かされるほどでした。そのため企業、金融機関を問わず先行き不安から資金調達に走り、あらゆる金融商品を売却して現金を確保するという行動に出たのですが、なぜか米国債を売って資金調達をする動きは出ませんでした。

保有すること自体にリスクがないため、むしろショックが大きくなればなるほど価格が暴騰するので、投資家は米国債を持たざるリスクを感じたほどだったのです。

世界中で地政学的リスクや金融リスクが大きくなればなるほど、アメリカは自国経済の大きさと安定性、そして最先端の技術を開発し続ける力をもって優位に立ち続けます。シェールオイル・ガスというエネルギー資源にも恵まれ、食料も自給自足可能であることにより、世界の中で安全性が際立っています。

潜在成長力と安全性に関していかにアメリカが優位にあるかは45ページに記したとおりです。実はこの六つは私の前著でも書いていたのですが、あれから時が経ち、アメリカが安全である理由が三つ加わりました。

⑦日本を筆頭に世界各国の政府の外貨準備金は、米国債に投資されていること。

⑧シェール革命の恩恵が明確になり、資源国の仲間入り。より安全な大国になった。

⑨日本は政府と日銀が借金をアベノミクスという博打で返そうとしていてより危険な国になったため、アメリカがより優位に立った。

以上の九つのポイントは統計数字を比較すれば明らかですし、アメリカをよく知る方々の議論にも出てくるポイントだと思います。では単なる日米の数量比較ではなく、アメリカの力の源泉、強さの本当の秘密はどこにあるのでしょうか。

多様性をのみ込む包容力こそがアメリカの強さの秘密です

私の考えるアメリカの力の源泉は、ダイバーシティ、つまり「多様性をのみ込む包容力」です。増加する人口や豊富な資源などの経済指標は単なる付け足しに過ぎないのです。

生物学的にも雑種強勢は定説です。純粋種は弱く、雑種は強いのです。アメリカは国の成り立ちからして人種、性別、国籍、宗教などを問わず、世界中から人材を集める工夫をしていて、多様性を力の源泉としています。

スポーツの世界を見ればとてもよくわかります。日本の野球選手で最も素晴らしいと思われる選手はみなアメリカのメジャーリーグを目指します。メジャーリーグの強さはアメリカの選手に加えて、日本人選手や日本以外のアジアの一流選手、そして最も大きな供給源である中南米の強豪選手たちを実質的に無制限にのみ込んでいる点にあります。

そもそも「アメリカの選手」と言っても、元を正せば人種を超えて交じり合った人たちです。日本の大相撲やプロ野球のように外国人枠という名の厳しい制限を設けることは、ムラ社会を象徴する排他主義であって、私には弱さをキープするための制度にしか見えません。

スポーツだけではありません。学問の世界も同じです。アメリカの大学や研究機関は世界中に門戸を開き、様々な国から研究者やアイデアを集める工夫がなされています。日本人のノーベル賞受賞者も、その多くがアメリカで学んだり研究したりしています。

世界をリードする産業分野での強さを象徴するのがシリコンバレーという巨大なハイテク集積地です。カリフォルニア州サンノゼ近くのスタンフォード大学を中心に発展を遂げたシリコンバレーは、地域全体が世界一のハイテク集積地であり、IT関連産業の起業装置です。テクノロジーだけでなく、企業に必要な資金を提供するベンチャー・キャピタルが集まるリスクマネーの集積地でもあります。もちろん実際の巨大IT関連企業の本社はシリコンバレーだけでなく、西海岸全体に広がりを見せています。

そこで働く従業員の約半数はアメリカ人ですが、あとの半数は海外から来たIT技術者や学者たちです。一時は中国人が半数近くを占めると言われていましたが、その後はインド人がとって代わりました。日本人はほとんどいません。そうした人種＝頭脳の多様性を受け入れることが、最初に述べた「多様性をのみ込む包容力」で、それがシリコンバレーでも力の源泉となっています。

では、これまでは成功したアメリカですが、反移民を掲げるトランプのような大統領が出てきた今後の見通しはどうでしょうか。私はトランプなど一時のあだ花でしかないと考えていますし、「多様性をのみ込む包容力」さえ保てば世界をリードし続けると見ています。今後の世界の産業革新はほとんどすべてがＩＴの力にかかっています。巨大産業である自動車産業はもとより、すべてのモノづくりの基礎となり、ＡＩやＩｏＴという言葉に代表される新分野の技術はＩＴ技術がベースになると思われます。ＧＡＦＡＭと言われるグーグル、アップル、フェイスブック（現メタ）、アマゾン、マイクロソフトに代表される大企業も、ITという基盤を利用した新機軸を開発し、世界に冠たる企業に成長しました。そのプラットフォームと呼ばれる基盤を創作し続けるのは、シリコンバレーです。

例えばアップル。彼らはPCのシェアを失った後にiPodという新機軸を打ち出しウォークマンを駆逐しました。しかし本当の強さはiPodというハード機器ではなく、PCとiPodを利用した新たな音楽配信プラットフォームの構築でした。同様にiPhoneもハードではありますが、単なるハードではありません。すでに構築した音楽配信や映画配信を載せ、その上で無限の展開可能性を秘めた様々なアプリをアップルストアからダウンロードさせ利用料を取り続けるという、全く新しい課金システムを持ったプラットフォームなのです。もちろんiPhoneがシェアを失う事態になれば、プラットフォーマーとしてのシェアも失う可能性は無きにしもあらずです。なので、アップルでさえ永続性があるわけではないのですが、アメリカにはアップルの次を行く企業を育てる土壌があるのです。

それに対し日本の電子機器メーカーは残念ながらハードという枠からはみ出す発想がありません。なので負け続けています。遂には市場から駆逐される寸前まで来てしまっています。なさけないことに、かつて得意だった家電でも掃除機、扇風機、ドライヤーというコモディティ製品まで、例えばダイソンやiRobotの新機軸によって駆逐されつつあります。今後IoTやAIという部分でうまくすれば居場所を見つけられるかもしれませんが、果たして新機軸を有するプラットフォームまで打ち出せるかはかなり疑問です。

いま一つ心配なのは自動車メーカーです。今や輸出産業の中では最重要部門で、唯一競争力を維持している業種です。ところが世界の最先端では、いわば箱物でしかない車から新たなITのプラットフォーム上で動く電気自動車を創り上げる段階に差しかかっているように思えます。果たして日本の自動車メーカーが、全く新たなプラットフォームを開発し、その上で動く新しい車社会を構築できるでしょうか。そうした柔軟な発想による技術が、ハードメーカーの純粋培養で育った自動車技術者から出てくるとは思えないのです。

このことはアメリカの自動車メーカーもドイツの自動車メーカーも同じように直面している問題です。ハードという殻を打ち破る発想を、果たしてどこが一番乗りで創出するか、テスラは先行していますが、私にはどうも自動車メーカーではない柔軟な発想を持つ新規参入者、例えばGAFAMあたりが創出しそうに思えます。

鎖国時代の日本は、発展から背を向けた世界の果ての後進国でした。それが外に向けて門戸を開放したとたんに、大発展しています。日本人が世界に向かって出て行った時代もありました。しかし現在の日本は国として内向きで、若い人たちも世界に出て行こうとしない閉じこもりのような状態です。

学卒で直接外資系へ、それも世界的なＩＴ企業に入ろうとか、若いうちに海外に出ようという学生が最近はほとんどいません。国という単位で見ても同じです。人手不足が続いていても外国人労働者の受け入れはかなり制限していますし、政府は移民という単語を政策に盛り込むことはしません。最初に申し上げたとおり、雑種強勢の世界で純粋種を保つ日本に自分の資産のすべてを置いておく気には全くなれません。

私は日本が大好きな日本人です。アメリカには4年ほど住んだことがありますが、特に好きでも嫌いでもありません。日本の気候風土や日本食、そしておもてなしの心が大好きです。この先何があっても日本で暮らしていきます。そして私は経済・金融ヲタクです。日本航空時代に出向した日本経済研究センターでエコノミストの修業をしたおかげで身に付いたものかもしれません。それも感情論は一切排して、数字や客観的事実を判断の根拠とする人間です。多くのエコノミストが展開する「安全か危険か」の議論を見ていると、実は感情論が入っているのをよく見かけます。それも嫌米感情を持っている方が多いように感じます。経済・金融の世界は好きか嫌いかではなく、数字がすべてです。

２０２１年半ば以降、アメリカをはじめ世界中でインフレが始まり、２０２２年になってロシアのウクライナ侵攻によりインフレが加速したことでＦＲＢが利上げを開始しました。チャンス到来です。久々に米国債金利も上昇し一時10年物の金利が４％台に乗りました。それに伴い円安が進行しましたが、金利の上昇により米国債投資のブレークイーブン為替レートは十分に低下しています。ブレークイーブン為替レートとは、償還時に円高になっていた場合、どこまでの円高だと損をしないで済むかの水準を示す言葉です。米国債投資を考えていた方々はここぞとばかりに投資に踏み切りました。このチャンスを逃す手はありません。

こうしたチャンスが出現した時、私は自分のブログで読者の方々に、「チャンス到来」と大きな声でアナウンスをしています。この本も時間が経つと内容が古くなる箇所が出てきますが、私はブログでそれを補っていきますので、ご安心ください。

インフレに勝つにはどうすべきか

インフレに慣れていない多くの方は、2022年からのインフレによりかなり大きな影響を受けていることでしょう。2023年になりインフレは加速し、インフレの恐ろしさを実感されていることと思います。

2023年1月10日、東京都区部の2022年12月の物価上昇率が前年同月比で4％と発表されました。しかしこの数字、実感とはあまりにも差があります。電気代が前年比26％、都市ガス代は37％と大幅に上昇。そして生鮮食品を除く食料品は7・5％、生鮮食品も6・5％、携帯電話代も22・1％の上昇。

我々が日常生活で支払っているものの大半がこんなに上昇しているのに、その他を含めて合計するとたった4・0％だと発表されています。実感とはかけ離れています。いったい何故こんなことになるのか。理由はおかしな理屈が隠されているためです。それは物価指数の構成比の2割を占める「帰属家賃」の存在です。

帰属家賃とは何か？ そもそも物価指数は、家計が何にいくら使ったかの割合を家計調査から計算し、その割合の合計が100になるよう調整して計算します。構成比は数年ごとに変化させます。でないと例えば携帯電話の普及などが反映できないからです。

それだけであれば、持ち家のある方は家賃の上昇率は家計には響きません。しかし物価統計上はみなし家賃を支払っているとされ計算されるのです。それが帰属家賃で、構成比はなんと家計費全体の2割も占めているのです。実際にアパートを借りている人の家賃上昇率は1%にも満たない0・7%ですが、それがエネルギーや食料品の爆発的上昇の足を引っ張り、加重平均合計値がわずか4・0%になってしまうのです。

だったら実感を反映する「実感物価上昇率」を発表すればいい。それが私の主張です。食品・エネルギーは当然含め、帰属家賃は除く。そうすれば家を持つ人の実感により近づきます。

ついでに腹立ちまぎれに申し上げれば、これだけ物価が上がっている中で厚労省は年金支給額を微増しかしない老人いじめもしています。老齢基礎年金満額の月額は令和2年度の6万5141円に対して令和5年度は6万6250円。「マクロ経済スライド」という訳の分からない政府の政策によりわずか1・7%しか増えていません。

一方私は、金額は少ないですが、アメリカに駐在していたおかげで、アメリカから年金をもらっています。毎年12月に翌年の年金額のお知らせが来るのですが、今年はなんと前年比プラス8・7%です。物価上昇率をきっちりと反映してくれますので、納得の数字です。これまでもほぼ毎年増額してきました。なんという差でしょう。

しかもこのインフレは、今後賃金が上昇するとますます定着する可能性があります。賃金を受け取っている方はよいでしょうが、年金やこれまでの預貯金で暮らしている方は、もろに大きな影響を受けることになります。たとえ賃金をもらっていても、これまでの蓄積である預貯金の目減りは防げません。

ではこのインフレに少なくとも負けないようにするにはどうしたらよいのでしょう。預貯金はインフレに対して全くの無力です。金利が1%にも満たなければ、実質的にはインフレに負ける一方です。NISAや株式投信がインフレに勝つか負けるかは時の運でしかありません。

経済の原則論で言えばインフレ率の上昇は金利の引き上げに作用し、大きく負け続けることはありません。少なくとも日本でも黒田総裁によるとんでもない利下げ以前は、この原則がある程度働いていました。ですので我々も預貯金や安全な国債に投資しておけばある程度の金利を得られ、対処はできたのです。しかしマイナス金利の導入などでその手段を失いました。

NISA口座で投資信託を買ったところで、勝つか負けるかは時の運。そこで浮上するのが米国債への投資です。しっかりと金利を得られ、しかも複利での運用が可能です。ドル円の為替レート変動というリスクはありますが、これまで金利が為替変動に負けたことはありません。長期的に見て人口減少やテクノロジーでも成長力を失っていく日本の円が、ドルよりも強くなることは残念ながら見込めません。

そしてこれからの世界は、ロシアのウクライナ侵攻に象徴される地政学上のリスクや、地球温暖化による気候変動の激化、そして大地震など、予測のつかない巨大リスクが襲ってくる可能性が大いにあります。そんな世界にあってどんな大きな混乱が起こっても、唯一買われる投資対象が米国債です。「質への逃避」、イコール「米国債買い」の図式は将来も変わることはありません。

日本国債は海外投資家から「リスクがあるのにノーリターン」と思われています

日本には、

「日本国債は海外投資家の保有が少ないから安全だ、米国債は海外投資家の保有比率が高いから危険だ」

というおかしな議論があります。日本固有のナイーブな議論で、世界の投資家は全く逆のことを考えています。それは、

「日本国債は危険な割にリターン（金利）が低いから買わない。米国債は安全だし、ある程度のリターンがあるので買う」

日本国内での議論とは真逆の議論です。このことを理解しておかないと、日本の独善的な論理を振りかざすおかしな論者に振り回されることになります。

日米の国債の格付けと金利を見ると、通常の概念とは違い、リスクとリターンの逆転現象が見て取れます。米国債の格付けはトリプルAかダブルAで、日本国債はシングルAしかなく、先進国としては瀬戸際まで追い込まれています。通常、債券は格付けが高いものは金利が低く、格付けが低ければ高い金利になります。それは国債発行に際してリスクが低い発行体は当然低金利で済み、リスクが高い発行体は高金利を払う必要があるからです。にもかかわらずリスクの高い日本国債のリターンはほとんどなく、２０２３年春の時点で10年物国債は金利０・５％程度のプラスとリターンがほとんどありません。低金利の理由は日本の投資家の自国債選好という非合理な行動と、日銀の強引な異次元緩和による国債の爆買いです。最近はさすがにそのおかしさに気づき、日本の投資家も外貨建て資産を選好するようになってきました。しかし国内機関投資家の外債へのシフトがあっても、国債金利は上昇していません。日銀が国債を爆買いするからです。

アメリカの金利は超低いレベルからの上昇過程にあります。低金利下でも債券はとてつもない威力を持っています。23年現在、10年物も30年物も米国債の金利は３～４％台です。しかしそれを複利で運用することができるため、たとえ３%ちょうどだとしても１０００ドルの米国債を買うと10年後には１３５０ドル、30年後にそれは２４４０ドルになります。

毎年買い続ければそれが将来は立派な自分年金になるのです。金利は変動しますので、金利が高くなった時に買えば償還時にさらに増えるし、低くなった時に買うと償還時の受取額はその分少なくなります。為替のリスクはもちろんあります。しかしたったの３%の金利でも、10年後ドル円レートが現在の１３０円程度から下落し続けて96円を割らなければ損をすることはないのです。この96円がブレークイーブン・レートです。そのメカニズムはのちほど説明します。

いま一度申し上げますが、世界のまともな投資家の思考は「日本国債は危険な割にリターンが少ないから買わない」「米国債は安全な上にリターンが高いから買う」というものです。それが国際標準の投資基準を持つ投資家の当然の論理です。その結果として日本国債は海外投資家の保有比率が低く、米国債は海外投資家の保有比率が高くなっているのです。

日本人は本能的にアメリカを嫌う方が多いように思われます。実はそれは日本人だけではなく、アメリカ人ではない世界の人々の多くがアメリカ嫌いという側面を持っています。何故かというのを追究するのはこの本の主旨ではありませんので省略します。大事なことは、投資は好き嫌いではなく投資対象としてアメリカをどう冷静に評価するかです。

投資は数字こそが最大の判断材料で、それ以上でもなければ、それ以下でもありません。

それぞれの国には潜在成長力というものがあります。その国の成長力を判断する時の材料で、労働力人口、生産性、資本、それぞれの伸び率を合わせたものがその国の潜在成長率と定義されます。必ずしも潜在成長率のとおりに成長するとは限りませんが、それでもそこから大きく乖離《かいり》することもありません。

日本国債と米国債の安全性の差は、国の借金のレベルの差によるところが大です。日本の政府債務はGDPの263%ほどで、アメリカは126%ほどです。そして今後を見通すと、さらに潜在力の違いが将来の安全性を左右します。

日本の潜在成長率は内閣府や日銀が試算していますが、民間のシンクタンクなども含めおよそ0・5〜0・9%程度と推定され、アメリカは1・7〜1・9%程度と推定されています。

日米間で何故これほど数値が違うのでしょう。最大の原因は潜在成長力のカギを握る労働力人口増加率の差です。2010年代からすでに人口減少が始まっている日本と、依然として増加が続いているアメリカでは、潜在力が決定的に違うのです。生産性は先進国間では大きな差はなくなっています。また資本は両国とも有り余っていて、今や成長の制約条件ではありません。残念ですが外国人労働力に頼ろうとしない日本と、移民を受け入れる柔軟なアメリカの差が成長力の差になって表れていますし、若年人口の多いアメリカは圧倒的に優位に立っています。

潜在成長力の差が実際の成長率の差となって表れますが、それは政府の累積債務の支払い能力にも大きく影響します。巨額の財政赤字を垂れ流し、消費増税を何度も先送りする日本。それに比べるとアメリカの国家予算の単年度赤字はリーマンショック後の激増のあと、見事なまでに激減しています。経済成長により税収があがるからです。こうしたことが国の将来の安全性を大きく左右するのです。今回のコロナ禍後も同様のことが起こると思われます。

格付け会社による格付けは、そうした様々な要素を加味した上でランク付けされています。アメリカのトリプルAと日本のシングルAの差は、それらの総合評価です。みなさんが国の安全性を見る上で、最も大事な指標です。

米国債は買ったら持っているだけでいいのです

米国債は、この先どうなるかわからない日本を対象にリスクを感じながら株式投資をするよりもはるかに安全・安心な投資対象です。決して大儲けの話ではありません。ですが、米国債への投資こそあなたの資産を最も安全にかつ超簡単に運用する手法なのです。売ったり買ったりを繰り返す必要はなく、買ったらそのまま償還＝満期が来るまで持ち切るだけの投資です。

では具体的な数字で投資と結果の数値を示しましょう。

前述したように、私は２０１１年に『証券会社の売りたがらない米国債を買え！』という本を出版しました。その時に私の話を信じて米国債を購入していたら、今どうなっているでしょうか。当時の10年債金利は３・１％、30年債は４・３７％、ドル円レートは83円でした。

まず10年債の結果から。10年後（２０２１年）時点での為替レートは１１０円でした。

米国債は日本国債とは違い、複利で運用することができます。単利でしか運用できない日本国債とは大きな違いを生みます。

当時の金利3・1％で複利運用すると、100で買った元本は136になります。単純に3・1％の10倍で131ではなく、金利が金利を生むため大きくなるのです。10年で償還を迎えた時の元利合計は136ですが、これに為替差益が乗ることになります。差益は83円だった1ドルが110円になったので単純に割り算して算出します。110÷83≒1・32倍で32％の値上がりです。両者の合計は足し算ではなく掛け算です。136×1・32≒179・5です。つまり100万円の投資が179・5万円とほぼ1・8倍になりました。

どうです、たかが債券なのにたった10年で驚くべきパフォーマンスでしょう。債券をバカにしてはいけません。

一方30年債ではさらに驚くパフォーマンスになります。まず金利4・37％を複利で現在まで12年運用すると、元本は168になります。それにドル高による為替差益が乗ります。83円が130円（2023年3月現在）ですから、130÷83≒1・56で、1・57倍になっています。それらを掛け算しますから、168×1・57で263・8。つまり100万円が263・8万円と2・6倍になったということです。

10年債の場合　金利3.1%（2011年8月時）

投資時（2011年）		償還時（2021年）
元本 100	1.36倍 →	136
為替レート 1ドル=83円	1.32倍 →	1ドル=110円

1.36×1.32倍

元本が約1.795倍になる

＝

2011年に投資した
100万円が、
償還時（2021年）に
約179.5万円に

30年債の場合　金利4.37%（2011年8月時）

投資時（2011年）		現在
元本 100	1.68倍 →	168
為替レート 1ドル=83円	1.57倍 →	1ドル=130円

1.68×1.57倍

元本が約2.64倍になる

＝

2011年に投資した
100万円が、現在
約264万円に

⇓ **償還時まで持ち続けると**

元本 100	3.66倍 →	366
為替レート 1ドル=83円	?倍 →	1ドル=?円

為替レートが現在と同様レベルの
1ドル=130円だった場合

＝

2011年に投資した
100万円が、
約571万円に

ではこのまま残りの18年間運用しつづけるといくらになるでしょう。まず100の元本を4・37％を複利で30年間運用しますと、366になります。もし為替が現在と同様の130円だとしても、元本に為替差益の1・56が掛け合わさるので、366×1・56≒571・0となります。つまり100万円が571万円と約5・7倍にもなるのです。利益分だけで571万円－100万円＝471万円です。

日本人は金利という投資のリターンのことを忘れてしまいがちなので、この計算結果にすごく違和感を持つと思いますが、超長期の債券投資の威力とはこういうことなのです。

そして私が最も強調したい米国債投資のメリットは、30年もの間、投資したことなど全く忘れてかまわないということです。ご自分の大切な時間を儲かるかわからない投資の勉強に費やし、あげくの果てに損をするくらいなら、ストレスフリーの米国債投資に徹してみてはいかがでしょう。

債券投資は確実なゴールがあるから安心なのです

債券は買った時点でゴールが決まっています。償還まで持ち切ることで、決まった金利が確実に手に入りますし、１００で買った元本は満期、つまり償還日に１００で返ってきます。仕組みは単純で、定期預金と変わりません。違いは償還までの間に債券価格が変動することです。しかし、私がすすめるのは「最後まで持ち切る投資」です。なので、価格変動を気にする必要はありません。償還日には、約束された金額が確実に返ってきます。

株はどうでしょうか。価格は毎日変動しゴールなどありませんし、最後の価格が決まってなどいません。安い時に買って高い時に売らないと損が出ます。ご自分で定めた投資期間の最後にうまく値上がりしているとは限りません。相場がとんでもなく暴落しているかもしれません。

価格変動の損失くらいならまだましです。私が昔働いていたＪＡＬは破綻して、株は価値を失いました。ゼロです。10年後、20年後、30年後に投資先企業がどうなるか、予想は難しいですよね。たとえトヨタでも電気自動車に押されてダメになるかもしれませんし、アップルであっても今は影も形もない新興企業にしてやられるかもしれません。株式には決められた満期や償還というゴールはありません。それもまた私の言う無間地獄なのです。

「私は先見の明があるからドジは踏まない」という方はどうぞこの本の内容を笑ってやり過ごしてください。

でももし「私にはそんな予知能力はない」と思われる方は、「世界で一番ストレスがなく簡単な投資」について書いてあるこの本を最後までお読みください。そして米国債を買ってストレスフリーになり、みんなで一緒にトレジャリー・アイランドで寝て暮らしましょう。いや、寝る暇もないほど人生をエンジョイしましょう。

米国債には世界最高の流動性があります

流動性という言葉、みなさんにはなじみのない用語だと思います。しかし実は非常に大事な事柄です。日本の銀行や証券会社が商品を説明する際、この言葉はほとんど出てきません。

「流動性とは何か」が顧客に向けて説明されないことこそ、彼らが国際標準として必要な知識を持ち合わせていないことの証左です。

流動性とは、売りたい時にすぐ売れ、買いたい時にすぐ買えるか否か。「流動性が高い」とは「いつでもすぐに買え、すぐに売れる」ことです。なんだ、そんなことかと思われるかもしれませんが、それが当たり前なのは平時だけです。相場は一朝事《いっちょうこと》ある時は売りたくても売れないことが頻繁にあります。例えば大暴落が始まると、株式市場には一時取引を停止するサーキット・ブレーカーというシステムがあって取引停止となり、売りたくても売れなくなります。

そんなことは頻繁にないと思ったら大間違いで、今後は世界が様々な地政学上のリスクで大きく動揺し、そのたびに相場が大きく変動することが予想されます。そうした場合でも、米国債は常に取引が続けられ、取引できないということはありません。

日本国債は日銀がすでに全流通量の半分を買い占めてしまったため流動性を失い、平時でも年間に何度も取引が成立しなかった日があります。それに対して米国債は、世界の投資プロフェッショナルの誰もが認める世界一の流動性を有する金融資産で、取引がなかった日は私が記憶する限りではありません。

第三章

ストレスフリー投資
＝米国債投資のススメ

投資の本やサイトがこれほどたくさんあるのは何故だと思いますか？

本屋さんに行くと投資の本がゴマンと並んでいます。株式投資や為替投機FXであれば、それぞれが一つのコーナーを占めるほど多くの本が出版されています。ネットを検索すれば、「これで確実に儲かる」と煽っている投資サイトがこれまたゴマンとあります。何故そんなに多くの本が出版され、多くのサイトが存在するのでしょう？

答えは簡単、「儲かる決定打などないから」です。どれを試しても儲からないから儲けようとさらに本を読み、それがダメなので別の方法を探し、いつまでたってもきりがない。だからあきれるほどたくさんの本が並んでいるし、投資のサイトがゴマンとあるのです。そんなところをいくら掘っても、宝物は埋まっていません。儲かる投資法があれば、1冊で足りるはずじゃないですか。

最近私のブログにたどり着いた32歳の方の発言をご覧ください。私の最初の著書を読んでの感想です。

投資の本は30冊ほど読みましたが、納得したのが先生の本のみでした。

そして役所を最近定年退職された60歳の方の発言も見てみましょう。

先生の著書を購入し感銘を受けています。過去に投資歴はありません。全くの素人ですが、教科書として何度も読み返し勉強中です。

次は、世代がわからないのですが、私のブログにたどり着いた女性の読者の方からのコメントです。

先生、ありがとうございました。いくら感謝しても感謝しきれません！　このブログがなければ、きっとこんな高額の投資はできなかったと思うんですね。何かあったら先生にここで相談できる安心感が持てたから実行に移せたと思います。

私が知る限り、資産運用の本で感銘を受けたり、教科書と呼ばれ何度も読み返されたりする本は他に見当たりません。資産運用の本はほとんどが半年から1年もすると役に立たなくなります。その理由は投資対象が株式投資だからです。おすすめ株式の賞味期限はとても短く、買ったり売ったりするたびに新たなテーマに合わせる必要があるのです。

「普通の投資」はストレスフルだと思いませんか？

私のブログ「ストレスフリーの資産運用」には、そこにたどり着いただけで幸せになられた多くの人たちが集まっています。投資難民の避難港、セイフヘイブンがあるからです。私がそこで唱えていることは、世の中の投資の常識とはかけ離れています。

- 世界で一番安全な投資資産だけに投資すべし。
- 若い方はその超安全資産へ超長期の投資をして、自分年金を作るべし。
- 70歳を過ぎた高齢者は、資産運用などすべきでない。

- **中間世代の方は、リタイアライフに合わせた安全な運用だけに徹すべし。**
- **遺産相続は米国債ですべし。**

これを知ったみなさんは最初、「ほんとか?」と訝《いぶか》るような反応を示します。そしてその後に「そんな考え方があるのか」という驚きを感じるのです。なぜ驚くのかというと、それまでの自分が正反対のことをしてきたという点に気づくからでしょう。正反対のこととはもちろん「普通の投資」。つまり、より大きなリターンを求めて高いリスクを取ることで、勝つか負けるかは時の運というような「ギャンブル投資法」です。

しかもほとんどの方はそうした投資で損をしたり、損はしていなくともストレスを目いっぱい感じていたりして、夜もおちおち眠れないような体験をされているのです。「普通の投資」では世界のどこかで何かが起こるたびに株価が暴落し、為替が大きく変動して損をしたりします。リーマンショック、ギリシャ問題、チャイナショック、原油価格の暴落、Brexit、新型コロナウイルスの流行、そしてロシアのウクライナ侵攻など、「○○ショック」と呼ばれるものが起きるたびに、自分ではコントロールできない大きな力に翻弄され続けることになります。

私のブログに集まってきた方は、そうしたことにほとほと嫌気がさし、「もっと安全な投資があるはず」「儲けなど少なくてもいい。損さえしなければそれだけでいい」と考える方々です。

一般的な投資のブログはまるで競馬のブログのように、当たった当たらなかったで怒号や非難の書き込みにあふれ、読むに堪えません。ところが私のブログはそうしたことからは無縁で、ブログに出会えた喜びにあふれた言葉が並んでいます。

2017年の秋に医師を職業とされている方が書き込まれたコメントを紹介します。

林先生のブログの魅力は、先生、投稿者、投稿者同士で意見交換があり、かつ、投稿内容も自制心、抑制が効いているところだと思います。参加者が林先生の示す方向性を共有しながら、建設的な見通し、合意点を作り上げていく。先生のご意見、解説も素晴らしいのですが、投稿者を遊ばせてくれる先生のスタンスに敬服します。

こうしたブログの空気感は、開始した時に意図していたものではありません。長い間に私と読者の方々によって、自然につちかわれたものです。私自身は外資系の金融・投資の世界

に20年ほど在籍していたのですが、一般的に日本でも世界でも金融に従事する人たちは刹那的であったり、博打打ちのような気質であったりする人たちが多く、仕事ではいかにして人を出し抜くかに執心しています。

投稿される方は多くの質問をされます。回答が困難なことも非常に多いのですが、私はどの質問にもできるだけの回答をしてきました。また読者の方々の間でのやりとりも可能にしているため、実際に読者間の議論が行われています。私自身も知らない有用な情報がやりとりされているため、私の勉強にもなります。特に有用な情報を投稿していただいた場合、私はそれをコメント欄だけにとどめず、広くみなさんに知っていただくために、ブログの本文に転載させていただき、みなさんと情報共有することにしています。

投資本は出版されてすぐ相場が変動するために役立たずになることが多いのです。しかし私の前著は「教科書」として多くの方が繰り返して読み、役立てていらっしゃいます。しかも何か疑問点が生ずるとブログのコメント欄で私に質問可能です。本を書きっぱなしではなく、責任をもって私がフォローしています。

投資で不幸になり、どん底から立ち直った方の例をご紹介します

人間、ストレスを感じながら生活をするとロクなことはありません。

投資の一般常識では、「若い時には高めのリスクを取るべし。多少の損失はあとで挽回可能だから」と言われます。しかしまだ貯えの少ない若い方が損失を出すと、仕事どころではなくなり、自分の大事な将来設計に狂いが生じかねません。投資などしなければ仕事に励めたはずなのに、余計なストレスで人生そのものに狂いが生じる可能性があります。

では仕事に脂の乗り切った中年の方はどうでしょうか。会社で次第に責任が重くなり、家庭でも子供のことや親の介護、そして退職後のことを真剣に考え、それなりの準備を始める時期に差しかかります。その中でさらに投資のストレスが加われば、やはり仕事どころではなくなる可能性があります。

投資をするみなさんの目的は「資産を守る」あるいは「資産を増やす」だと思います。それなのに、投資がストレス要因になるなんて本末転倒ではないでしょうか。

投資で不幸になり、どん底から立ち直った方の例を紹介します。私と同世代の友人Jさんです。

Jさんは大企業を定年近くで退職し、会社の用意してくれた子会社の役員となり、そこでも活躍。サラリーマン人生を幸せにまっとうしているように見えました。ところが親会社を退職した時から退職金で投資を始め、見事に失敗。この先まだ長い人生で使う予定の大事な資金を減らしてしまったのです。それを取り戻そうと証券会社の言うがままに投資を続け、なんと投資額の3分の1近くを失いました。

その時期は私がネット上のプライベートなサロンで安全な米国債投資について持論を披露していた時期に重なっていました。Jさんは私の考え方に共鳴され、これまでの投資をいったんすべて損切り清算し、超安全な米国債投資だけに切り替えました。するとどうでしょう。これまで投資に悩み抜いていた彼が、まだ何も結果が出ていないのに晴れ晴れとした顔で、

「いやー、林さんのおかげでリタイアしても楽しくやっていけそうな自信がつきました」

と言うではありませんか。2010年秋のことです。

私自身が初めて「投資は多くの人を不幸にしている。これはなんとかしないといけない」と思った瞬間です。このことがきっかけで私は最初の著書を書き、ブログも始めました。

友人Jさんのその後はどうなっているでしょうか。彼は最近になって子会社も退職し、好きなゴルフと日々のウォーキングを楽しみながらストレスフリーのリタイア生活を満喫されています。彼がポートフォリオを全面的に見直したのは2010年の秋のことです。その時は為替レートが1ドル＝80円程度、米国債金利も10年物で3％台、30年物で4％台でしたから、新しい投資対象が債券であるにもかかわらず投資資産はすでに2倍近くに増加しています。彼は証券会社の言いなりで退職金の3分の1を失いましたが、それを取り戻したばかりでなく、たっぷりとおつりがくるほど大きな「評価益」を得ています。評価益とは投資金額とその後の市場価格との差がプラスになっていることを指します。

しかし彼は評価益などに目もくれず、米国債からコンスタントに得られる年2回の利子収入を年金の補完と考え、リタイア生活をエンジョイしています。米国債は最後まで持ち切るつもりです。そして時々必要となるまとまった資金は、利益の出ている米国債を切り売りしてまかなっています。息子さんのマンション購入の時も、かなりの額を支援できたと喜んでいました。

米国債は1000ドル程度の単位でいつでも換金可能なため、いつお金が必要になっても安心です。世界を震撼させるような大事件や天変地異が起こっても、そういう時に限って米国債だけは逆に値上がりしますので、売却時期がそれと重なっても大丈夫です。こうして株式や投資信託の相場に翻弄されないで済む幸せな日々を送られています。それは生涯にわたって続きます。

投資は誰に教わるべきなのでしょうか？

みなさんはいったい誰から投資法を学びましたか。まさか証券会社や銀行のセミナーや、ファイナンシャルプランナーの書いた投資本じゃないでしょうね。いや、それ以外ありませんよね。でもそれって、株を買ってもらって得をする人たち、つまり直接の利害関係者ですよね。

最近日本でもコンプライアンス＝法令順守や利益相反というような言葉を頻繁に聞くようになっています。企業や官公庁、政治家の不祥事が毎日のように報道され、スポーツ団体や宗教団体もそれに加わり世間をにぎわせています。一般に不祥事を調査する時に「第三者委員会」を設置して調査する、というようなケースが増えています。それは、利害関係者は調査報告をする側としては不適格だからです。

金融資産というご自分の大事な大事な、しかも普段の買い物などでは使わない巨額のオカネを投じる重大な決断をするのに、手数料や仕事をもらいたくてしょうがない人に意見を聞くのは適切でしょうか。もちろん非常に不適切です。

私は資産運用のアドバイスを仕事にしていますので、これまで多くの方から投資で巨額の損失をこうむったという話を聞いています。その原因をうかがいますと、多くの方が「まさかあの投資で損をするとは思わなかった」とおっしゃいます。そういう方が誰に聞いてその商品に投資をしたかを聞きますと、ほぼすべての方が売る側の証券会社や銀行だと答えます。そして結果はあくまで「自己責任」であって、証券会社や銀行が悪いとはおっしゃいません。

でも私が、「そんな損を出す危ない商品を証券会社や銀行がすすめるのはおかしいと思いませんか」としつこく聞くと、「確かに、そんなに損することがあると聞かされていたら、買わなかったかも」とおっしゃるのです。

ここからはとてもざっくりとしたお話なのですが、私の経験上、損を出した方と得をした方の比率は2：1。つまり6割以上の方が損失を出しています。そしてその損失の比率を聞いていきますと、なんと投資額の3割程度を失っているのです。

私のブログには、コンスタントにアクセスする方が数千人ほどいるのですが、読者に匿名(ハンドルネーム)でのアンケートをお願いしました。匿名であるためか、比較的本音が聞けたのではないかと思われます。その結果も実は同様で、3分の2ほどの方が、平均的には3分の1もの財産を投資で失っているという結果が出て、実に驚きました。

そこで出した結論は先ほど述べたとおり、「投資のことを利害関係者に聞いてはいけない」です。ではどうすればよいのでしょうか。あなたが投資をする時に利害関係者となる可能性のない人に聞くべきなのですが、日本には残念ながらそうした機会がほとんどありません。

私はそうした日本の投資事情を微力ながら変えたいと思っています。前著も今回の著書も、本来の意味での第三者である私が書いています。投資の世界でも中立的な第三者によるアドバイスは必須です。私はみなさんにとって全くの第三者であり、証券会社のヒモも全くついていない中立的立場の人間です。その私が安全性の高い投資はどうしたら可能かを書いています。米国債をみなさんが買ったからといって、証券会社もアメリカ政府も、私には1セントもくれません。

従って私は怖いもの知らずです。証券会社や銀行、そして中立を装う新聞社や投資本の出版社におもねる必要は一切ありません。ブログで怪しげな広告を取ったりもしません。

証券会社は顧客が米国債を買って塩漬けにしたら、たまったものではありません。何百万円、何千万円、何億円買おうが、証券会社の手数料収入は債券の売却価格に含まれている1回だけで、あとは何十年も年に3000円程度の口座管理料しか受け取れません。だから私の最初の著書のタイトルは、『証券会社が売りたがらない米国債を買え!』なのです。

その代わりに証券会社がすすめるのは債券の投資信託です。どうか間違っても債券の投信など買わないでください。ほとんどの債券投信はリターンの低さから手数料倒れします。

私は米国債をおすすめしますが、アメリカ政府からは1セントももらっていませんし、証券会社からは嫌われています。そういう本当の善良なる第三者の言葉に、どうぞ本気で耳を傾けてみてください。

証券会社だけが儲かる仕組みから脱却しませんか？

「絶対に儲かる投資法などない」というのは、証券会社の投資セミナーも同じです。今年の

投資テーマはこれだ、来年のテーマはあれだ、ＮＩＳＡにマッチする投資法はこっちだと無限にセミナーを開き続ける。その時は納得しても、投資すると儲からないので次のセミナーに参加する。本当に儲かる投資法を教えてくれれば1回で済むはずです。経済環境が変わったからなどとゴタクを並べて次の投資への転換を促すほうがおかしいのです。

経済環境や地政学的リスクなど毎日毎日変化して当たり前で、そのたびに投資方針を見直すなどシロウトにはとても無理だし、プロだって追い付けません。それを私は「投資セミナー版無間地獄」と呼んでいます。みなさんにはそうした無間地獄にはまってほしくないのです。それは売り買いによる手数料稼ぎが目的の証券会社による巧妙な手口だと理解しておくべきです。

一方、経済環境の激変や地政学上のリスクに左右されない投資はあります。それを、是非この本を通じて学んでください。

オレオレ詐欺のマニュアル第1条をご存知ですか。それは、「一度引っかかったヤツはまた引っかかる」だそうです。証券会社の言いなりで投資するということは、それと同じです。

世の中に「儲け話」などないことがわかっていながらお年寄りが引っかかる「儲け話」と、株式投資の指南本や投資セミナーなどは私から見れば五十歩百歩です。絶対に儲かる話があれば本は1冊で済む、セミナーは1回聞けば済むはず。自分は儲け話などに引っかからないと思っている方、あなたも見事に引っかかっているのかもしれませんよ。

投資で損した人の言うことはおよそ決まっています。

「しょうがない、授業料だと思って……」

そう言って自分を慰めるのです。

もうそんなバカバカしい「授業料」を払うのはやめませんか。世の中には超安全な投資法があるのですから。今の日本の投資は、儲からないためあっちだこっちだと乗り換え、そのたびに証券会社だけが儲かる仕組みになっています。早くそれに気がつかないと、不幸な結果を招きます。

証券会社、銀行、保険会社を盲信してはいけません

ＮＩＳＡでの投資は、高リスクの投資に限定されています。正論で言えば高リスク資産への投資は、投資のリスクを取れるくらいの金融資産を十分に保有し、株式投資の基礎知識を

持った人に限定すべきです。

逆に資産が少ない、年金暮らしの高齢者は株式投資など絶対に行うべきではありません。株式相場は激しく上下します。相場が大きく下落して回復しないうちに寿命が尽きてしまうかもしれません。しかしそんなことにはお構いなしに政府が投資をすすめるのと同じように、証券会社もやみくもに投資をさせようとします。本来なら投資をする人の適性をチェックした上で、どこまでのリスクなら取れる人なのかを判断し、適正な商品をすすめるべきです。

証券会社は一応投資家の適性を判断することになっています。しかしそれをまともに実行しているとは到底思えません。証券会社自体の適性を彼らに聞くのは、泥棒に「あんたは泥棒か？」と聞いているようなものです。証券会社は「泥棒なんかじゃありませんよ」と答えるに決まっています。どんな高齢者であろうが、オカネを持ってきた人を断るなどということはしません。一度投資をしてしまうと、あとで息子さんが「なんでこんな老人にリスクの高い商品を売りつけたんだ」といくら叫んだところで、巻き戻しなど絶対にしません。あらかじめ息子さんにチェックを入れるなどということもしません。第一章で私が証券会社は投資家の適格性を見極めるべきだと非難した理由はここにあります。

オレオレ詐欺かどうか「息子さんに電話で確認しなさい」と警察は指導しています。では何故金融庁は投資を行う高齢者の場合、証券会社に「息子さんに電話で確認しなさい」と指導しないのでしょう。それをすれば不幸な高齢者が出てしまうことを、かなりの確率で防げるはずです。もちろんそれは本人にも言うべきです。「息子さんに相談しましたか？」と。

私は「70歳を過ぎた方は絶対に投資などすべきではない」と思っています。たとえ安全と思われる投資であっても、この世の中何が起こるかわかりません。投資期間が長ければ取り戻すことができる損失であっても、さほど長くない投資期間だと損失を抱えたままで売却せざるを得ないことがあるからです。いくら長寿になったとはいえ、70歳の方の老い先は投資による損失を補えるほど長くない可能性が高いのです。

投資の適性への配慮は、実は高齢者でなくとも同じです。年齢は若いが経済の知識や株式投資とは何かの知識が皆無の人に対しても、証券会社は平気で高リスクの投資をすすめます。私の周辺でも、立派な大学の経済学部などの出身で大会社に勤めているサラリーマンでも、株式や投信のリスクを適切に判断した上で投資をしている人はとても少ないと思われます。

こうした証券会社のやり口は、銀行や保険会社でも同じです。むしろ銀行とか保険会社という看板は投資のリスクを覆い隠してしまうため、証券会社よりたちが悪いかもしれません。セールス担当をコンシェルジュやファイナンシャル・アドバイザーという肩書にして、爪を隠す工夫もしています。善良なる第三者を装いながらも結局はリスクの高い、つまりは手数料の高い投資をすすめるのです。

保険会社の例を挙げます。50代でまだ現役のサラリーマンの友人がいました。彼は父親の遺産を受け取ったのを機会に、一括前払いの年金に加入しようとしていました。ただ円預金にしておくだけでは金利がほとんどゼロだし、そのままにしておけば使ってしまうと思い、一括先払いで個人年金を積み立てておこうと思ったのです。そしてもともと日本の年金の危うさを感じていたため、外貨建て個人年金保険という言葉に引き寄せられました。国の年金を自分で少しでも補填する意図で生命保険会社を訪れたのです。そこですすめられたのは米ドル、ユーロ、豪ドルと3種の外貨建て個人年金保険でした。据え置き10年の後に年金がもらえる仕組みです。

通貨選択の時点で私に相談が来ました。決断前のよいタイミングでした。パンフレットには通貨ごとに利率が示されていて、様々な比較ができます。私が注目したのは利回りの低さと手数料の高さ。ついでに途中解約の手数料率の高さです。例えば米ドル建てだと、単純に10年物国債に投資した場合に比べて、低いリターンしか来ません。他の通貨も同様です。もちろん途中で死亡した場合には死亡一時金が支払われますが、それは自分で積み立てた金額に、スズメの涙ほどの金利をプラスした金額だけです。

だったら、自分で直接米国債を買っておくほうがよほどリターンは大きくなります。もちろん、厳密にはリスクもあります。お金が必要になって換金する場合、債券はその時点での価格でしか売れないため、金利レベル次第では損をする可能性があるからです。ですが、1000ドル単位でいつでも売却可能、そして解約金はゼロです。

一方、個人年金保険で解約金を取られると、その分は絶対にマイナスにしかなりません。ましてや保険会社が倒産した場合を考えると、生命保険契約者保護機構による支払いは原則9割程度ですから、保険会社のリスクまで考慮すると全くリスクとリターンは見合いません。

個人年金保険に加入すべきかどうか相談に来た彼に私が伝えたのは「ノー」でした。保険会社は払い込まれた保険料を、その通貨の安全資産、つまり米ドルなら米国債に投資し、その金利から自分たちの取り分を手数料として差っ引いた金額を払うだけの仕組みなのです。もちろん保険会社は毎月例えば1万円ずつの積み立てを受け入れてくれるし、将来の年金支払いの手間もとってくれるということはあります。しかし、リスクとリターンは全く計算に合わないのが個人年金です。

ましてや途中解約のケースでは、米国債なら解約金などなく売却額がそのまま手に入りますが、保険だと信じられないほどの高額の解約料を取られます。

証券会社はこうやって投資商品を売りつけるのです

みなさんに是非お知らせしなくてはいけないと思ったエピソードを紹介します。高齢者に向けた詐欺まがいの投資商品の売りつけです。2010年の夏、80歳になられたひとり暮らしの女性Sさんに大手証券会社が「グローバル・ハイイールド債券投信・バスケット通貨選択型」と称するジャンクボンド投信を売りつけたのです。裕福なSさんはそれまで証券会社にすすめられるがままに株式や投資信託を買わされ、相当な損失を出されていましたが、投資とはしょせん損することがあるものだとあきらめていました。その投信は買って1週間も経たないうちにどんどん値下がりしてしまいました。

失礼を承知で、Sさんに商品名に書いてある証券用語をたずねますと、ほとんど何もご存知ありません。「ハイイールド債券」や「バスケット通貨選択型」が何を意味しているかなど、全く理解していなかったのです。そこで私は「ハイイールドとは実は超危険なジャンクボンド（クズ債券）で、バスケット通貨選択型とは超ハイリスクの新興国通貨をいくつか選択することだ」と告げたのですが、ひどく驚いた様子でした。

そこでSさんを伴い、その投資商品を売りつけた証券会社を訪ねました。応対に出てきたベテランとおぼしき証券レディーに私が、

「この方に商品内容を聞きましたが、用語すら理解されていませんでした。そんな方に売るのは、違法行為じゃありませんか？」

と言うと、憮然とした面持ちで、

「いいえ、商品内容はご説明し、説明を受けたという証に捺印をいただいています」

と返してきました。私はすかさず、

「高齢者が理解もできないものを売りつけて、あなたには良心の呵責《かしゃく》はないのですか」

と続けると、むっとした顔をしながらもきっぱりと、

「全くございません」

と返答しました。

もちろん私はこうした返答がくることを予想していました。そこでその場でSさんご自身から「すべて売却してください」と証券会社に言ってもらい、売却手続きをとりました。そ

の投信の価格は10年を経た今となっては半分以下になり、投信全体の純資産はなんとピーク時のわずか10分の1になっています。大手投信会社によるジャンクボンド投信の悲惨な姿の実例と言えます。

そしてSさんに私が差し上げたアドバイスは、

「保有株と保有投信をすべて売却し、超安全な米国債と豪州国債だけにしましょう。そして中途売買は一切せずに、最後まで持ち切りましょう。そうすれば証券会社の煩わしい勧誘から解放され、高い利回りの利子をコンスタントに得られます。為替リスクはありますが、元本のことなど忘れて、金利収入でご友人と世界を楽しく旅行されたらいかがですか」

というものでした。

「元本のことなど忘れて」ということの意味を初めは理解されなかったのですが、米国債と豪州国債の金利が高く、毎年の利子収入が200万円にもなることを知ると、とても意外そうな顔をされました。そして為替変動のリスクについてもきちんとご説明しました。この先米ドルが1ドル40円台、豪ドルはもっと安くならないと、この投資は損しませんと数字で示したところ、すっかり安心されて投資の決断をされました。

この方は私のアドバイスどおりにそれまでの投資資産をすべて整理され、すっかりストレスフリーになられました。そして90代になられた今でも金利収入で悠々自適に旅行をなさっていて、余生を楽しんでいらっしゃいます。さすがに90歳になられてからは海外旅行はされていません。しかもドルがアドバイスした時の80円台よりかなり高くなっているので、金利収入もスライドして多くなっています。

証券会社は自分の手数料収入さえ上げることができれば、内容の理解もできないほど複雑でリスキーな商品を高齢者にも平気で売りつけるのです。

Sさんは、数千万円レベルの資産をお持ちの裕福な方です。では、そこまでの資産はないが、数百万円程度の資金をどうすべきか、数年前に私のブログで相談をされた方の例をご紹介します。70代のUさんという方です。

私は70代にさしかかり、公務員だった夫と二人暮らしです。2013年にこのブログに出会い、当時少し持っていた株をすべて売却しました。その時の身軽さ、爽快感は格別なものでした。また円のリスクは感じていたので、同時にドルを購入しました。この間の円安で出た利益で家のミニミニ改修をしたり、家族旅行に行ったりすることができました。その意味で2013年は私にとっては「投資・資産運用」の転機になりました。感謝申し上げます。林様は以前から「70歳を超えたら資産運用などするべきではない」と言われておられたのでこれはしっかり守っております。というか、我が家の場合は貯蓄の取り崩しをしているからです。今日は私（持たざる高齢者）の本音を書いてみます。

友人達（高齢者）との楽しいおしゃべりの間に出てくる話題は「この先、いつまで寿命があるかもわからないものね。それまでやっていけるかしら」という長生きすることへの不安であり、ホント切ない話です。

子供に残すより前に自分達の命の終わりにちょうどプラスマイナスゼロになることができれば、という私のような高齢者もこのサイトを見ておりますことをちょっとお話しさせて頂きました。

老後不安がある程度払拭され、共生、特に子供達世代の適正な配分社会へと舵が切られれば、高齢者もお金を握り締める必要などないのに、と思います。

いつも林様の文章は楽しく、また道しるべのような気持ちで拝見しております。今後もご教授をお願いいたします。

Uさんは私のブログでのアドバイスをそのまま実行し、ドル預金の他に何も投資をしていらっしゃらないのですが、幸せな暮らしを実現でき、感謝されています。

これに対して50歳くらいのNさんからご自分の将来も見据えて、以下の意見が寄せられました。

高齢者の資産運用については、結局のところ各々の望む人生の在りかたと現実的算用をすり合わせて導き出すものかと思います。

自分の余命期間に財が足りないようなら、投資をして増やすか、人生の在りかた、つまり幸せの求めかたを変えるしかありません。これは自分次第で、結構どうにもなるものです。あくまでお金は幸せの道具ですから、使ってなんぼの価値。ただ持っているだけで、漠然とした不安に対する安心を得ているだけなら、本末転倒ですね。モヤッとした将来図をハッキリしたかたちに描けると、どんな老後なら自分は受け入れられるかが分かるように思います。その上で余りがあれば使えばいいし、なければないなりに生きます。心配を背負い込んで、お金に翻弄されるような老後だけにはしないようにと自分に言い聞かせています。もうそれだけはうんざり！　そんな不毛な時間はもう残っていません……はい。

「お金は幸せの道具ですから、使ってなんぼの価値」と書かれているNさんのご意見に私も大賛成です。老後の資金はしっかり増やさないといけないというのは、証券会社の常套句です。増やそうとすればするほどリスクを取ることになりストレスを溜め、果ては投資で損失を抱え、大事な老後の資金を失う可能性があります。それよりもUさんやNさんのように手元の資金と相談しながら無理のない生活をすることで余計なストレスから解放されることこそ、人生を幸せに送る秘訣です。

以下はUさんのコメントに対する私の返信コメントです。一般の高齢の方にも参考になると思いますので、ここに引用することにしました。

Uさん、不安をたくさん抱えている高齢者を代表するご意見、ありがとうございます。

ご自分は十分な貯えがないと思われている方が、「とてもじゃないが不安で使えない」、よくわかりますね。私が全部使って楽しんでしまえというのは、もちろん貯えの十分な方へのアドバイスです。

ただし一方で私は、「70歳を超えたら運用などするべきでない」とも言っています。これは貯えの多寡によりません。たくさんありすぎて、相場で減らしても十二分に遺産は残るというのであれば別の話ですが。

ブログのタイトルでもあり、私が最も言いたいことは「ストレスフリーの資産運用」です。高齢の方であればあるほど、特に70歳過ぎてストレスを感じながらの運用に果たして意味があるでしょうか。

米国債は安全です。しかし為替のリスクは大いにあります。たまたま著書を出版して以来円安に動いているので、お読みになり投資をされたみなさんはかなり安心していらっしゃると思います。しかし相手は為替相場です。円高になることは大いにありえます。経済情勢などのファンダメンタルズにかかわらず、突然の大幅円高もあるのです。１９９５年に突然ドル円レートが一瞬ですが79円台に突入しました。そうしたことが今後は絶対にないとは言いきれないのが、投資です。

そのリスクがあってもドルに投資せよ、そして米国債に投資せよと言うのは、非常に長い目で見れば金利が為替に勝ってきたという実績によります。それは次の表を見ていただけば明らかです。

投資年数別パフォーマンス比較（元本100はいくつになるのか）

30年債の場合

1993年初から
2022年末まで
投資したとすると
元本**100**は
⇒
▶ドル建ての場合
※1993年初の30年債金利6.68%
718になる
▶円換算すると
※1993年初1ドル＝124.6円
→2022年末1ドル＝132.7円
768になる

20年債の場合

2003年初から
2022年末まで
投資したとすると
元本**100**は
⇒
▶ドル建ての場合
※2003年初の20年債金利は5.16%
277になる
▶円換算すると
※2003年初1ドル＝119.4円
→2022年末1ドル＝132.7円
307になる

10年債の場合

2013年初から
2022年末まで
投資したとすると
元本**100**は
⇒
▶ドル建ての場合
※2013年初の10年債金利は1.78%
120になる
▶円換算すると
※2013年初1ドル＝87.7円
→2022年末1ドル＝132.7円
181になる

5年債の場合

2018年初から
2022年末まで
投資したとすると
元本**100**は
⇒
▶ドル建ての場合
※2018年初の5年債金利は2.20%
112になる
▶円換算すると
※2018年初1ドル＝112..7円
→2022年末1ドル＝132.7円
132になる

高齢の方には、ここからが肝心です。

近い将来お金が必要な70歳の方の米国債投資は、20年先、30年先を楽しみにというわけにはいきません。毎年なにがしか、そして数年後にお金が必要、あるいはその後死ぬまでの何年間はずっとお金が必要かもしれません。その時に円高になっていない保証はありません。もし買った時より円高になっていると、ストレスフリーどころではなくなります。毎日為替レートで泣き続けるかもしれません。

それでも投資をしますか？

私なら70歳を超えてストレスいっぱいの投資など決してしません。

ただし唯一の例外は、今の日本の状況を熟慮した結果、「円のリスクを背負っていることが大きなストレスだ」という方です。「ドルにしておくだけで超安心」というのであれば、それこそがその方にとってはストレスフリーですので、どうぞ米国債に限って投資してくださいと申しあげましょう。

私の考え方を一方的に述べましたが、ご理解いただけましたでしょうか。

円だけを保有するリスクを認識しましょう

もう一つのケース。Ｆさんとおっしゃる52歳の中間世代の方が74歳のお母様と同居されていて、お互いが勉強した結論をコメント欄で披露してくれました。２０１５年のことです。

日本の財政問題による円のリスクは、私が林様のブログに辿りついたテーマですので、大変興味深く読んでおります。

此方《こちら》に辿りついた当時も円のリスクは承知しておりましたので、既に金融資産の90％以上が外貨でしたが、全て現金というお粗末なものでした。円からの緊急避難しか頭にありませんでしたので、火災や盗難のリスク、ご指摘を受けた偽札のリスクよりも財政破綻のリスクの方が確実に高いと判断した結果との言い訳しか持ち合わせておりませんでした。

そんな低レベルな私には円のリスク回避と共に投資が可能というストレスフリーの投

資術には心底驚いたものでした。
円のリスクについては、林様のブログで一目瞭然ですが、私も様々な方の著書を読んだ結果、一番恐ろしいことは、日本は破綻しないという論者の主張の根本に大きな誤りや矛盾があることです。つまり、非破綻論者の理論には破綻しない理由が存在しないに等しいからです。これが私の円資産からの避難理由です。

実に大事な指摘です。政府は日銀の異次元緩和による超低金利をよいことに、累積赤字を積み上げる一方で、国家予算も１００兆円を突破しているにもかかわらず当たり前のように赤字額を増加させ、マスコミすら本格的に批判しなくなっています。

現在52歳（今年53歳）の私は自分年金を当初は60歳から80歳まで手当するつもりでしたが、零細企業勤務の為、財政破綻時は確実に失業すると思い、53歳から70歳までに変更致しました。53歳時に失業していなければ、その分を71歳から80歳までの自分年金に再投資する方針です。これが52歳の私の円のリスクの捉え方です。つまり、今後すぐにでも財政問題が生じても不思議ではないとの考えです。

備えあれば憂いなしを言葉どおりに実践されていますね。他の方にも是非まねをしていただきたい心がけですね。

他方、私と共にストレスフリーに入った現在74歳の母親は、金融資産の99％以上を利付米国債にしました。2％弱の利息ですが満足しております。為替レートは120円の時の購入ですが、為替相場による一喜一憂は皆無です。何故かと言うと母が3歳の時に預金封鎖とハイパーインフレを経験しているからです。新円切替によるお金の価値の喪失、その後も続くインフレで更に金融財産は減少し一家の生活は困窮したそうです。その経験により、為替による差損など安い保険料と考えています。

ドルの保有で大きな安心感が得られているのであれば、後悔はないはずです。そして米国債を知ったあとのお母様の素早い動きには驚きました。長年の株式投資の経験がそうさせたのでしょう。しかも99％を米国債にシフトさせてしまうとは、本当に驚きです（利付米国債の「利付」に関しては115ページや133ページで説明します）。

学が無い母でも紙幣の大量発行は世界規模で考えれば貧乏になっていると理解しております。日本円は採れ過ぎたキャベツの様に安くなり、しかも日々安くなっていきます。為替相場は他の要素も加わるので一方的な円安にならずとも方向性は間違いないとの思いです。かつてのように旧円は価値を失い、子供のおもちゃとしての価値しか有せず、それが自身の存命中かどうかは分からないが確実に到来するであろうと思っております。

内容が本題から脱線致しましたが、円のリスクに対する考え方の74歳高齢者のサンプルです。

その上でストレスフリーの投資術の実践は年齢を考慮して、私とは異なりゼロクーポンではなく利付米国債で、円のリスクヘッジを最優先し、為替相場による差損は米国に対する保険料ないし預け賃と考えますが、2％もの利息がいただけるという高待遇であると思っております。しかも、基本的な考え方は全て林様のご著書にあった年代別の投資術を実践しただけの簡単なものです。高齢者の運用の是非については、確かに母の様に73歳からの運用では為替の問題は巨大です。

しかしながら、母の憂いのない姿を見ると、０・０３％の預金金利、円安による世界基準で見た場合の円建て資産の目減り、元本保証が危うい円のリスクを抱えたままの方がよほど危ないと悟っているかのようです。為替差損があっても保険料と書きましたが、米国債はそのものが保険と思っているのかも知れません。

あまりの円のリスクの大きさに運用の是非で括《くく》れないことが一番の問題ではないでしょうか。

本来であれば円高に振れた時にはストレスを感じるはずですが、長期的に見て円のリスクを感じる方にとっては、目先の円高などいかほども感じない。これだけは実際に投資に踏み切らないとなかなか理解できない感覚かもしれません。米国債投資に踏み切った方はほぼ例外なく大きな安心感を得られています。それは米国債が超安全な投資だからです。

お母様の投資法は、前項に登場した高齢のSさんにお伝えした「元本のことなど忘れて、金利収入でご友人と世界を楽しく旅行されたらいかがですか」という債券投資の考え方で、高齢者には実に理にかなったやり方です。おふたりが今後もストレスフリーで楽しく暮らせることをお祈りしています。

私は70歳を超える高齢の方へのアドバイスとして、第一に「投資などしない」をおすすめします。しかし円のリスクを感じている方へは、利付米国債の中でも一番金利の高い超長期債をおすすめします。

ここで債券の償還までの期間の呼び方をお知らせしておきます。まず金融市場のニュースなどで言われる「長期金利」とは、一般に長期債の代表である10年債の金利を指します。日本でもアメリカでも同じです。私が超長期債と呼ぶのは30年くらいの期間を指しています。そして2年くらいまでを短期債と呼び、その中間は中期債ですが、それほど厳密な定義があるわけではありません。普通の経済状態にあると、金利のレベルは短期が一番低く、中期債から長期債にかけて期間が長ければ長いほど金利は高くなります。

その理屈は、債券の償還日が先になればなるほど発行体である国や企業に様々なリスクがふりかかり安全確率が低くなる。金利を高くしてそれを補うことで投資家を呼び込むので、長期になればなるほど金利は高くなるというのが理屈です。

もとの話に戻ります。毎年もらえるクーポン金利が高い超長期債券は、価格も高いのですが償還価格は１００と決まっています。高齢者の方にご自分の平均寿命より長い債券をおすすめするのは、元本を取り崩すのは大いに抵抗があるが、金利を使って楽しむことには抵抗がない方がほとんどだからです。そこで例えば価格は120の債券を買って高い金利をもらって楽しみ、死んだあとに120の元本が100でしか返ってこなくてもかまわない、という楽しみ方をしようということです。

第四章

米国債で自分年金を作る方法

世代が違えば、資産運用のやり方も変わります

令和の時代になって早々、国の年金が国民的大問題になりました。平均的年金の受給世帯は、長生きすることで2000万円ほどの不足をきたすという金融庁の報告が出され、国を挙げて年金議論が沸騰する事態になったのは記憶に新しいと思います。

金融審議会報告自体はよく分析されていて、読んだ人の多くは参考になったという感想を持っていました。マスコミの論調も2000万円不足問題に集中していたところから、徐々に資産運用の必要性や金融リテラシー向上の必要性など、有用な内容だという評価に変わっていったと思われます。しかし私の目から見ると、内容は十分ではないと断言しておきます。

何故なら審議会が推薦しているNISAやiDeCoではギャンブル投資である株式投資と株式投資信託しかできないからです。そのことはすでに何度も申し上げています。審議会には日本を代表するような金融界の立派な方々がそろっていますが、残念ながらどなたも超安全な米国債投資をご存知ないのでしょう。そのためNISAの仕組みそのものが非常に歪め

られていることすら認識できないのです。この本の読者のみなさんはとても幸運です。世界の金融資産の半分以上を占めるほど巨大で、しかも超安全な債券投資を知ることができたのですから。

この章では、自分年金を作ることに特化した投資方法をまとめてお伝えすることにします。投資すべきは米国債です。債券の運用では毎年の利子をそのまま受け取る単利運用と、利子をもらわずにそれを元本に組み込んで再投資に回す複利運用があります。もちろん、利子が利子を生む複利運用のほうが最終的に受け取り金額は多くなります。米国債にはゼロクーポン債（ストリップス債）と利付債がありますが、ゼロクーポン債のほうを買うことで、いわば自動的に複利運用ができるのです。日本国債は単利での運用しかできません。

もちろん、世代が違えば、資産運用のやり方も変わります。年齢別投資の原則は、

1　若い方であればあるほど元本を複利で増やすゼロクーポン債に投資する
2　高齢の方はすぐに利子収入を得られる利付債に投資する

です。

理由はとてもシンプルで、若い方であれば投資している債券の利子をすぐにもらわなくてもよいからで、長期で非常に有利な複利で運用すべきなのです。自分の定年後に償還年限を

迎えるゼロクーポン債を探して購入し、それを「自分年金」にすればいいのです。そして定期収入の少ない高齢の方はすぐにでも金利収入が欲しいので、年に2回金利支払いのある利付債を選ぶのがおすすめです。

実際に債券を購入するには、どうしたらいいのでしょう？

債券投資ほど簡単なものはありません。

債券は定期預金と同じで、１００で買ったものが償還日（満期日）に１００で返ってきて、利付債であれば、金利が毎年1回か2回、決まった日に入るだけです。米国債の場合、利払いは半年に一回、年2回です。1年にもらえる金利を半分にした額が、決まった日に支払われます。ですから最後まで持っているとドル建てでは損することはなく、金利分が必ずプラスになります。ただし実際の売買価格は時価で行われますので、発行価格の１００ちょうどではありません。

株のように高い時に買ってしまい、安い時に売って損をすることはないのです。そして米国債投資がなにより安心なのは、償還日があるため計画を立てやすいことです。株式には償還日はなく、いつまで投資を続けるべきかという目途はありません。利益が出ている時はいいのですが、損失が出ると売却する決断を鈍らせ、長期間塩漬けになる原因となります。そこが債券投資と株式投資の決定的に異なるところです。

では実際に債券を購入するには、どうしたらよいのでしょうか。

ステップ1　証券投資口座の開設

まずは証券会社に行って、外国債券を保有する目的の口座を作ることから始めます。わざわざ窓口に行かなくとも、ネット経由で口座の開設は可能ですが、一度だけ本人確認を要求される場合もあります。

ステップ2　米国債の購入申し込み

証券会社に行って「米国債をください」と言うと、あるのに売ってくれません。そんなバカなとお思いでしょうが、経験してみるとわかります。証券会社が売らない理由は前述したように債券を持たれてしまうと株のように売買しなくなり、証券会社は手数料を取れなくなる＝儲け口がなくなるからです。債券の保有者にとって何千万円保有していようが、何億円保有していようが、コストは口座管理費だけ。証券会社には年間の口座管理手数料数千円以外は一銭も入りません。そのため証券会社は債券を売りたがらないのです。

ステップ３　買いたい米国債の特定

株式と違い、債券は同じ米国債でも種類が無限と言っていいほどあります。理由は日本の国債同様、アメリカ政府も毎月のように国債を新規に発行し、年限も短期、長期、超長期と様々な種類があるためです。債券の価格はその種類ごとに異なるため、まずは年限の見当を付け、それに見合ったものを探す必要があります。

株式と違う点がもう一つあります。それは証券会社が売ることのできる債券は、在庫のあるものだけという点です。株式であれば証券会社は通常在庫は持たず、証券市場につなぐだけで手数料を得ます。

債券は種類が多いので、株式のように同じ債券が常に市場で売買されているわけではなく、異なる年限や利率の債券をまずは証券会社が市場で調達し、それを在庫として保有。顧客はその保有リストの中から特定の債券を指定して購入するという順序になります。そこで債券を特定するというステップが必要になるのです。証券会社のサイトで「既発外債」のページから、目当ての債券を探してみてください。なお、米国債の金利を調べるにはブルームバーグのサイトが便利です。「ブルームバーグ　米国債金利」と検索すれば出てきます。３ヶ月から30年前の米国債の金利が表示されているので、「利回り」の項目をチェックするようにしてください。

ステップ４　債券投資信託の排除

証券会社は、債券そのものはなかなか売ってくれないのに、「債券の投資信託」は喜んで売ろうとします。何故なら投資信託は買う時の手数料に加え、保有しているだけでも毎年手数料がどんどん入ってくるからです。「証券会社の得は投資家の損」です。

債券購入の際、留意すべきことは何でしょうか？

以下、債券を購入する際に知っておくべきこと、気をつけるべきことをまとめます。

注意事項1　米国債の新発債は買えない

日本では新たに発行された米国債の新発債を買うことはできません。すでに発行済みの既発債を買うことになります。新発債はアメリカでも小口では手に入れるのは難しく、過去に発行された債券を、証券会社などを通じて証券会社の在庫から買うことになります。それが不利だということはありません。何故なら価格は毎日変動し、発行から時間が経っていてもいなくても、残存年限に見合った価格になるからです。

注意事項2　価格は毎日変動する

債券の価格は株式同様、その債券に対する需給により毎日変動します。それに合わせて債券の利回りも常に変動します。ある特定の債券価格が高くなると、その債券の利回りは低くなります。逆に債券価格が安くなると、利回りは高くなります。

注意事項3　債券価格には経過利子が含まれる

経過利子とは、保有期間に応じた利子のことです。米国債の場合、利子は半年ごとに支払われますが、売買は毎日行われていますので、利子の支払い日と売買のタイミングはずれることになります。

例えば4月1日に発行された債券の利子は9月31日に1回目が払われます。では、9月30日に買うと4月1日からの利子がまるまるもらえるかというと、そんなことはありません。9月30日に買った投資家は、その間毎日積もった半年分の利子を、売った投資家に支払うのです。そして9月31日の1日分の利子をもらう計算になります。その約半年分積もった利子を経過利子と呼ぶのです。複雑なように思えますが、通常の売買価格にはそれがあらかじめ含まれて表示されているため、投資家は計算する必要はありません。すべて証券会社が行います。

ということは、証券会社の在庫にある何十もの債券価格を証券会社は毎日計算の上、いくら、という価格を提示しています。もちろんそうした計算は人がやるのではなく、在庫管理と売買を行うシステムが自動計算しています。

私のブログには証券会社で債券を売ってくれないという嘆きのコメントを書かれている方が何人もいらっしゃいます。「どうしたらいいんでしょうか?」の問いに私は、「『売ってください！』と強く言うこと」

と当たり前の回答を差し上げています。強く言い続けるとしぶしぶ在庫を出してくるからです。

最近は多くの方がインターネットを使えるようになっていると思いますので、証券会社に行く前にその証券会社のサイトで「外国債券」のページを探し、適当な米国債を選んで、それを指定すれば事はスムーズに運ぶと思います。「既発外債」と表示されているところをクリックすると、リストが出てきます。その中から特定の債券を指定して、「これをくださいと言うのです。するとさすがに「嫌です」とは言えません（もちろん、わざわざ証券会社に行かなくてもサイトから購入することも可能です）。

しかし証券会社の手練手管はそれからが本番です。カウンターや電話口の証券マンは、「債券投資というのは簡単なようでとても難しいですよ。シロウトの方は価格変動の原理や、債券価格の計算はできないので、とてもおすすめできません」と言います。そしてこう続けるのです。「売買はプロに任せるべきです。債券の投資信託ならプロが的確に運用してくれますので、間違いがありません」。

私は本書で「債券投資ほど簡単なものはありません」と述べています。それはウソではありません。債券投資が難しいというのは真っ赤なウソです。

それを難しくしているのは証券会社自身で、債券を扱うプロが株式のように売ったり買ったりを繰り返すからです。買ったものを償還されるまでそのままにしておけば、ただの定期預金と同じで、何の難しさもありません。証券会社には絶対に騙されないでください。

債券の投資信託は買うと損をすることがあります。理由は債券価格が毎日変動するからです。それを債券のプロが売買を繰り返し、安く買って高く売ろうともがくのですが、どううまくやったところで株式同様損が出る時は損が出るのです。相場全体にはあらがえません。売買で損が出れば投信価格は下落します。投資信託には満期がないので、買った人が損しないようにするためには、自分の買値より高くなるタイミングを見計らう必要があります。ということは、売買タイミングはとても難しく、株式投資信託と同じになってしまいます。

何故、金融機関は債券を売りたがらないのでしょうか？

退職金をもらい定年退職を迎えた方は、証券会社の絶好のカモです。最近は銀行や保険会

社までがカモ探しをしていますので、注意が必要です。60歳を過ぎてから投資本を買って勉強をされることもかなりの苦痛を伴いますし、わからないまま投資をすれば損失と手数料地獄にはまるのがオチです。

長年懸命に仕事をして無事退職を迎えた方は、退職金を賭け事に使うべきではありません。もちろん賭け事につぎ込む方などいないとは思いますが、私に言わせれば株式をメインにした投資や投資信託は、紛れもなくギャンブルです。得をすることもありますが、損をする可能性も非常に高い。しかも、投資対象の会社が倒産すればゼロになってしまう恐れもあります。

そうでなくとも、いったん株式を買えば金額にかかわらず価格の変動に一喜一憂することになります。悠々自適のはずのリタイア生活がストレスばかりになり、心から日々の暮らしをエンジョイすることができなくなります。

株式投資には終わりがありません。値下がりした株をいくら長く保有していても、元に戻る保証はありません。それどころか価値がゼロになる可能性があります。それに対して、債券投資には終わりがあり、決められた金額が必ず戻るという安心感があります。100で買ったものは100で戻り、その間決まった金額の金利収入を得ることができます。しかし債券であればどれも同じというわけにはいきません。ジャンクボンドと呼ばれる超危険なクズ債券もあれば、株式に強制転換される恐ろしい条件のついた債券もあります。本当に世界で一番安全なのは米国債だけなのです。

投資をしようと思って世の中のどの金融機関に行っても、すすめられるのは株式の組み入れられた投資信託です。何故超安全な債券をすすめないのでしょうか。何度も書きますが、理由は「手数料が取れないから」です。実際には投資対象債券の価格に手数料が含まれていますが、それは証券会社にとっては1回限りの収入でしかありません。買った後は証券管理口座の毎年わずか3000円程度の管理手数料以外、一銭も取れません。100万円の債券でも1億円の債券でも、管理手数料は3000円です。せっかく預かり資産が1億円なのに、わずか3000円の手間賃で満足するはずはありません。

一方、債券投資信託を1億円売るのに成功したとします。すると毎年の手数料率が1%とすれば、100万円もの手数料を得られます。0・5%としても50万円もの手数料がもらえるのですから、債券の現物など証券会社は絶対にすすめません。

証券会社が米国債を売りたがらないのは普遍の真理です。確認するには証券会社に行って「米国債を買いたい」と言ってみましょう。彼らは間違いなく債券の現物ではなく、ゴタクを並べて債券の投資信託をすすめます。理由はもちろんこれまで説明したとおり、手数料を得るためです。しかも債券の投信は株式投信と同じで、儲かったり損したりというギャンブルと同じなのです。

証券会社はどうやって選べばいいか教えます

ここまで米国債の実際の買い方を書いてきました。ではいったいどの証券会社を選んだらよいのでしょうか。私は自分のポリシーとして、常に中立を保つため、特定の証券会社の推薦は避けるようにしています。一方で私のブログには、読者の方々が様々な証券会社に関して書き込めるページを作ってありますので、それを参考にしてみてください。米国債の在庫に関してだけでなく、円をドルに変換する際のコストの有利不利などの情報もあります。それと証券会社が倒産したらどうなるかなどについても情報がありますが、基本的に米国債は日本の株式同様現物があるわけではなく、保有者が登録され分別管理されるというシステムになっているため証券会社が倒産しても心配はいりません。

ブログの日付は２０１９年6月21日で、タイトルは「米国債投資にあたっての証券会社選び」です。その記事のコメント欄に多くの方が証券会社の実例を挙げてくれています。

実例は記事本文のあとのコメント欄に書き込まれています。そしてコメント欄を見ていくと最後に、「コメントをもっと見る▼」とあり、それをクリックするとさらに多くの情報を得ることができます。私は情報提供に対するお礼のコメントは書いていますが、どこがよいというような選択肢は示していません。ただし、先ほど説明したとおり、証券会社が販売できるのは自社が保有している債券だけです。ですので、リストを見て保有債券が多いところを選択するべきだ、ということだけは申し上げておきます。多くの債券を在庫として抱えることのできる証券会社は、当然大手証券になってしまいます。債券を保有するには裏付けとなる資金が必要ですし、保有期間中の債券価格の変動に備えてしっかりとしたヘッジのノウハウを持つ必要があるからです。

米国債投資にあたっての
証券会社選び

「利率」と「利回り」の違いを説明します

債券は最後まで持ち切れば、いくらで買ったものも必ず１００で返ってきます。そしてその間にもらった金利は必ずプラスになります。

買った債券は自分の好きな時に売却できますが、価格は変動するので売却するタイミングによっては損をすることもありますし、得をすることもあります。しかし定期預金や生保の年金と違い期限前解約に違約金はなく、時価で売却できますし、売却までの期間で貯まっている金利はそのままもらうことができます。売買単位も米国債であれば最低１０００ドル程度、いくら多額であっても売買は可能です。

価格変動による損得を避けるためにも、私のおすすめの投資法は最後まで、つまり償還日まで持ち切る投資です。そのためにはいざという時の余裕資金を手元に残し、途中売却する必要がない金額を投資しましょう。

ほとんどの債券は、１００で発行されたものが、償還期限が来ると１００で償還されます。

償還とは定期預金の満期と同じです。発行時点の微妙な金利変動により、当初の発行価格は100・1だったり99・9だったりということはありますが、償還価格は100で決まっています。

前述したように、日本で買える米国債は新発債券ではなく、発行してから時間が経過した既発債と呼ばれる債券です。既発債の価格は発行直後から売買が始まっているため101・0だったり99・0だったりします。中には古いものでクーポン金利の高いものもあり、価格が110を超えるような債券もあります。ここで言う100・0や99・0はすべてパーセンテージです。99・0は発行価格100の債券価格が1%安くなったことを示しています。例えば発行時点で1万ドルの債券価格が99・0になったということは金額ベースでは9900ドルになっているということです。逆に価格101・0の債券とは1万ドルのものが1万100ドルになっているということです。

注意点は、価格99・0の債券も101・0の債券も、償還時は100・0で償還されるということです。同じことをドル金額で言いますと、9900ドルで買った債券も1万100ドルで買った債券も償還時には1万ドルで償還されるということです。

ですので、100・0を下回る価格で買った債券は下回った分の利益が償還時に出ますし、

100・0を超える価格の債券は超えた分だけ償還時には損失が出ます。その利益を証券用語ではキャピタルゲインと呼びます。株式の売買益と同じ呼び名です。損失の場合はキャピタルロスで、これも株式の売買損と同じです。

ここで債券の利回りについて解説しておきます。証券会社のサイトで外債のページにあるリストを見ると価格のほかに「利率」と「利回り」という、似たような言葉が並んでいます。利率とは債券を買うともらえるクーポン利子の金利です。クーポン利子3％と書いてあれば半期ごとに1・5％ずつもらえます。

何故クーポンと言うかといえば、昔は債券も株券と同じように現物の券面があり、大きな元本部分の下に、利子分の切り取りクーポンが付いていたからです。利子はクーポンを切り取って信託銀行に持っていくと、現金に換えることができました。しかし今は現物の券面はなくなり、したがってクーポンもありませんが名前だけは残っています。その代わり利子は登録された保有者の銀行口座に振り込まれる仕組みになっています。

そして利子に対して利回りとは、債券を買ってから償還されるまでの利回りでクーポンの金利に加え購入時と売却時の価格の要素を加味したものです。例えば103で買った債券でも償還時は100しか返ってきませんので、初期投資額から3だけ少なく返ってきます。逆に98で買っていれば、100で償還されるので2だけ多く返ってくることになります。決まった額のクーポン利子の金利に、元本の損得を加味したものが投資に対する最終的な年あたりの利回りとなります。

利子(利率)……額面金額に対して毎年もらえる利息の割合。債券価格は関与しない。
利回り…………利子(利率)に債券価格を加えた収益の割合。最後まで持ち切った場合に約束される利回りを「最終利回り」という。

簡単な例で説明します。10年物の債券とします。

例1 価格100で買った3%の利率（クーポン金利）の債券の最終利回りは3%です。何故なら元本は100で買ったものが100で返ってきて、元本の損得はなく保有期間中毎年3%の利子をもらえるからです。

元本100 ＋ 金利3 × 10 ＝ 130

例２　価格１１０で買った４％の利率の債券の最終利回りは同じく３％です。４％ではありません。何故なら１１０で買った元本が償還時には１００しか返ってこないので、元本では10損失が出ますが、10年間毎年１％ずつ例１より多く金利をもらえるので金利合計では10得します。どちらの例も最終的には１００が１３０になり、元利合計の最終利回りは同じになります。この例の４％は名目の利回りで、元本の損得を加味した３％は実質的利回りとも言います。

なおこの二つの例は、厳密な債券計算ではなく、四則演算のみを使った簡便な結果を示しています。

利子をもらうか、複利運用して元本を大きく増やすか、どちらがよいでしょうか？

複利運用で元本を増やしたい人向けに、米国債にはゼロクーポン債という債券があります。利子を年に2回年金のようにもらいたい場合は利子クーポンのついた利付債を買います。

1万ドルを3％の利付債に投資すると、半年ごとに150ドルの利子がもらえます。年間では300ドル、つまり利回りは3％です。それが30年債であれば30年間同じ利子をもらい続けることができます。利子の単純合計額は、

150ドル × 2（年換算） × 30年 ＝ 9000ドル

最終的な元利合計は19000ドルと1・9倍になります。もちろん実際には源泉徴収後の金額をもらうことになります。

逆に毎年の利子をもらわずに複利運用したいという場合、1万ドルを投資して30年後に元本は2・44倍、24400ドルになります。金利だけの比較では複利で14400ドルになり、単利では9000ドルでしたから、6割増し、5400ドルも差が出ます。

日本国債や日本の社債では複利運用はできません。ゼロクーポン債という形式での売買が日本では許されていないからです。きっと利子部分への源泉徴収がやりにくいし、税の徴収

が繰り延べされてしまうからでしょう。もちろん米国債のゼロクーポン債も最終的には利子分の利益に課税されることは、利付債と同じです。

この章の冒頭で書いたように、高齢の方でコンスタントに利子収入が欲しい方は利付債に投資しましょう。若い方で今は金利収入は必要ないが、将来の手取り額を多くしたければ、ゼロクーポン債に投資（＝複利運用）しましょう。クーポン収入はありませんが、その分も再投資されるため、元利金は大きく育ちます。ちなみに複利運用の場合、金利と年限別の元利合計がどうなるか、次ページの表を参考にしてください。元本を１００と仮定し、２％、３％、４％のケースそれぞれの利回りの元利合計額です。30年債は３％、４％、５％のケースにしてあります。

次項では、単利と複利でどれほど違いが出るかをもう少し詳しく説明します。

複利運用のすごさを具体的な数字で見てみましょう

10年債、20年債、30年債に投資すると、元本100はどのくらい増えるか

	金利2%	金利3%	金利4%
10年債	**122**	**135**	**149**
20年債	**149**	**181**	**221**
	（金利3%）	（金利4%）	（金利5%）
30年債	**244**	**328**	**440**

将来を見据えてお金を貯めるのであれば、日本円のまま預金するのではなく、超長期の米国債にしておくべきだというのが私の考え方です。若い方であれば老後までの時間はたっぷりとあります。金利がほとんどゼロの銀行預金やマイナス金利にもなっている日本国債には置かず、米国債で複利運用すべきです。金利は平常状態では期間が長くなるほど高くなります。保有期間中、元本の額は市場金利の変動により増減しますが、最後まで持ち切れば約束の額100が返ってきます。

超長期（＝30年もの）の米国債を例に、単利運用と複利運用を比べてみましょう。100の初期投資が金利レベルの違いでどのくらいになるでしょうか。これを見れば、福利運用のすごさがわかると思います。

前述したように、日本国債では複利の運用はできません。

単利運用と複利運用でどのくらいの違いが出るのか（元本100、30年債の場合）

	金利3%	金利4%	金利5%
単利運用	190	220	250
複利運用	244	328	440

一方、米国債だと複利運用が可能です。そしてこの複利運用が大きな成果を生むのは上の表で示したとおりです。超長期の複利運用であれば金利3％としても、単利と複利で190対244と3割近い差が出ます。5％のケースではその差は8割近くになります。

もちろん米国債投資には為替のリスクがあります。あくまでドルでの運用ですから、ドルが安くなるとその分金利収入や最後にもらえる償還額は減ります。逆にドルが高くなればその分増えます。

例えば投資開始時の1ドルが100円だと想定し、100万円、つまり1万ドルを投資したとしましょう。金利が4％とすると、投資開始時点で4％の利回りは固定されますので、30年後の償還時には先に示したとおり確実に3万2800ドルになるということです。その時に為替レートが投資時点と同じ100円であれば為替の損得はなし。金

●1万ドルを金利4%の米国債(30年債)に投資した場合(1ドル＝100円)

償還時の金額＝32800ドル(＝3280000円)

●為替レートが1ドル＝80円まで円高になったとしても……

32800ドル×80円＝2624000円

⇓

1ドルが100円から80円になったとしても、
投資元本100万円に対して約162万円の利益が出る

利のおかげで投資額が3・28倍になります。複利で運用すれば金利にはとてつもない力があることを実感できる数字です。では、100円より円高だとどうなるでしょう。例えば過去の最低水準である80円になってしまったとすると、その分損失が出てしまうのでしょうか。

いいえ、そうではありません。ドルベースで元本の3・28倍になっているため、為替で2割減ったとしても、まだ元本の2・624倍になって残っているのです。

100万円を投資した場合で考えてみましょう。元本はドルベースで3・28倍になります。ですが為替レートが80円、つまり投資開始時点から2割の円高に振れたため、日本円に戻した額は262万4000円になったということです。

ではいったい、いくらまで円高が進むと償還時の金額が100万円を切るでしょう。答えは1ドル約30・5円で、

その為替レートまで損することはないということです。どう考えてもなりっこない数字です。計算は、

100円　÷　3・28　≒　30・49円

長い期間を考えた場合、成長力に大きな格差がある日本の円とアメリカのドル、どちらが力を有するでしょうか。私は今後財政問題や少子高齢化問題を抱える日本には分《ぶ》がないと思っています。であれば、1ドル30円には到底なりそうもありません。

むしろ将来の日本が財政問題に行き詰まると、為替はとてつもない円安になる可能性があります。それは過去に国家財政が破綻に瀕した国を見れば明らかですし、日本も戦後はとてつもないインフレで円の価値は暴落しました。太平洋戦争開戦時のドル円レートは1ドルが4・25円でした。その後固定レートになった時、1ドルが360円ですから、円の価値は100分の1近くに下がりました。これは極端な例ですが、2分の1、3分の1ということは、これまでの放漫財政と日銀の異常な緩和策を考えれば、大いにあり得ることです。日本の政府・日銀の異次元緩和政策やアベノミクスはすべて円安誘導のための政策であることを

忘れてはいけません。

超低金利下の投資はどうすべきか

私は10年物国債の金利が1％を下回ったり、30年物国債の金利が2％を下回ったりしている時にまで投資をすべきだとは思いません。ではどうしたらよいのでしょうか。答えは「待機すべし」です。

幸いなことにアメリカの金利が低下している時には、ドルが安くなる傾向があります。みなさんもそうであるように機関投資家も債券や株式への投資を控え、ドルに対する需要が低くなるからです。そこで私からの提案は、円でそのまま待機するのではなく、「ドルに転換して待機すべし」です。

特に円の保有自体に大きなリスクがあると考えている方であれば、円をドルに替えただけでも大きな安心につながります。米国債投資への準備になります。そして今後金利が高くなった時に待機しているドルを使って米国債投資をしましょう。それをせずに円のままにしておくと、教科書的にはドル金利の上昇とともにドル円レートがドル高になってしまいます。

ドルへの転換も一度に大きな金額を転換するのではなく、ある程度の期間を空けて何度かに分散することをおすすめします。為替の予測は難しいため、例えば今後1年程度は金利上昇は難しく、ドル高にならないと見れば、投資金額を4回に分けて3か月ごとにドルに転換するなどで投資タイミングの分散を図りましょう。ドル円レート自体を目標に設定すると、目標に達しない場合、転換のタイミングを失う恐れがあります。

30～40代の方は 30年後償還ゼロクーポン債で自分年金を作りましょう

では、この章の本題である「自分年金の作り方」です。

自分年金を作るためには具体的にどうすればいいのでしょうか。年齢が違えば考え方や投資のやり方が変わるので、世代別に見ていきましょう。

まずは若い方。「まだ年金のことは考えていない」という方は、その考えを改めてください。前述しましたが、年金受給額は将来的には間違いなく減少します。その時になってから慌てて準備しても時すでに遅しです。いやそれどころか2019年の金融庁の試算では、計画どおりに年金が支払われても、老後資金が2000万円も不足するという結果が示されました。今から準備しておくことをおすすめします。

まずは、「自分年金の作り方　30〜40代向け」をご説明します。

60歳を自分年金の受給初年度と仮定します。

例えば現在30歳のAさんであれば、30年後償還のゼロクーポン債に投資します。年間可能投資額から実際の投資額を決めてもよいですし、30年後以降毎年もらいたい金額から逆算して投資額を決めるのもいいでしょう。

受給額を100万円にしたいという方の場合、為替変動を除くと、現在（2023年3月末）3・7%程度の利回りのゼロクーポン債を34万円買えば30年後には複利で元利合計が100万円に到達します。複利運用の威力を実感できる数字ですね。

その100万円を毎年欲しい方はそれを毎年買っていくと、30年後から毎年受給できることになります。もちろん金利は変動しますので、金利の低い時には34万円より多めの投資金額が必要で、金利が高い時には少なめの投資金額で済みます。いずれにせよ、この程度であれば十分に投資可能な額なのではないでしょうか。

いつまで継続投資が必要かは、何歳まで自分年金が欲しいかによります。例えばAさんが「80歳までは健康が保てそうなので、公的年金に加えて自分年金を作って人生をエンジョイしたい」と考えているとします。Aさんは現在30歳の設定なので、50歳まで毎年30年償還の債券を購入し続けることで目標は達成できます。80歳以降は公的年金で十分でしょう。公的年金はいくら長生きしてももらい続けることができるはずです。実は毎年100万円の自分年金の受給が20年間続けば、「不足分」とされている2000万円になります。

次に例えば現在40歳のBさんが65歳から100万円受給を目指したとします。25年債の金利が3・5%だとすると、毎年の投資額は43万円程度です。Aさんの例より投資期間が短くなるため金利が低くなります。そのため、投資必要額が増えます。ただし、30歳の時より所得も増えていると思われますので、負担感はさほど変わらないかもしれません。

初めのAさんの例では30歳の方が60歳から受給を目指すと仮定してあります。理由は米国債の最長年限が30年間だからです。厳密に言いますと、30年ぴったりの債券は出回りません。

何度か申し上げているように、発行されたばかりの新発債を購入することはできないからです。発行後に市中で売却された既発債を買うことになりますので、30年より若干短期の債券に投資することになります。

今後平均余命が延びるに従って働ける年齢が上がり、償還を迎えてもまだ年金は不要だということであれば、償還を受けそのままドルで保有し、米国債に再投資するという手もあります。円に替えるための為替手数料が不要ですし、ドルからドルのため為替変動を気にしなくて済みます。

もう一つのアイデアを紹介します。それは40歳過ぎであろうが50歳過ぎであろうが、かまわず超長期の30年債に投資する方法です。金利は25年債や20年債より高い分有利です。そして償還日が来る前に年金がわりの資金が必要となった場合、償還前に売却する方法です。必ずしも全額でなくてもかまいません。債券ですから解約料はありません。償還前の売却の際には価格が100を切ってしまい、元本に損失が出る恐れがありますが、償還までの期間がかなり短くなっているので、大きな損失にはなりにくいのです。逆に金利が低下していると売却益が出る可能性があります。しかも売却までの間の金利は相対的に高いため、トータルで20年債や25年債より利益が出る可能性が高いのです。

40〜50代の方が20年後に年間100万円の自分年金を作るにはどうすればいいでしょうか？

次に中間世代の方の自分年金の作り方です。中間世代というのはあいまいですが、およそ40代からリタイア前の50代くらいをイメージしています。お子さんがまだ独立していないと生活費や教育費などにかなり負担を感じる方が多いと思います。そしてお子さんが独立されると一気に楽になり、ご自分の老後のことが気にかかり始める世代だと思います。

例えば50歳の方を例にとりましょう。老後とは少なくともリタイアしたあとのことですから65歳から70歳になる頃だとして、それまでにまだ15年から20年ほどあります。結論から申し上げますと、自分年金を構築するのに、決して遅すぎる世代ではありません。

この世代の方々がリタイアする今から約20年後は、莫大な借金を背負う日本政府が現役世代人口の減少に苦しみ、財政状況も年金財政も非常に厳しくなる頃です。ひとりの高齢者を現役世代何人で支えるかの計算では、3人で支えていた騎馬戦がふたりになり最後はひとりで肩車することになりかねない時代です。

円のリスクからしっかりと離れたところで自分年金を構築しておけば、安心して暮らすことができます。年金構築の決め手はもちろん米国債への投資です。50歳の方が20年後の70歳で年に100万円を得るには、今いくら米国債を買っておけばよいか、計算してみましょう。

金利が3・5%として、為替変動を除くと、50万円ほどを20年物のゼロクーポン債に投資すると、複利運用で償還時には約100万円になります。購入時点の金利レベルにもよりますが、50歳以降、掛け金50万円を毎年掛け続ければ20年後から毎年100万円程度のお金を自分年金として受け取ることが可能になります。

掛け金は月々に直すと約4・2万円ですから、手の届かない額ではありません。それが20年後には毎年100万円もの自分年金を支払ってくれることになります。

この投資には為替リスクがありますが、前述したとおり、ドルの価値が半分になるほどの円高に振れない限り、償還時の損益がマイナスになることはありません。その為替リスクが、逆に優れた円リスクのヘッジになります。つまり円の暴落が起こっても資産は増えこそすれ減ることはありません。米国債自体は世界で一番信用のおける、しかも流動性の高い債券ですので、いざという時に売れないということのない債券なのです。それは米国発のリーマンショックの時や、世界中を震撼させた新型コロナウイルスショックの時でも、世界で唯一買われた金融資産が米国債であったということが証明しています。

一方、高金利の新興国債券などは、これまでも国家が破綻して戻ってこなかったり、売りたい時に値段がつかずに売却できなかったりという事態が頻繁に起こりました。流動性の低い投資対象は価格の低下だけでなく、売るに売れないという最悪の事態が起こる可能性がありますので、絶対に手を出してはいけません。

50代の方の自分年金作りとして優れた考え方をご紹介します

早期退職をされたFさん（55歳）の事例です。

Fさんが私のブログに投稿してくださった内容をなるべくなぞるようにしますが、ちょっと難しい部分には私が解説を付けます。50代の方の年金作りとしてとても優れた考え方ですので、みなさんも大いに参考にしてみてください。

以前もコメント致しましたが、林先生のご指南通り、高クーポンでオーバーパーの米国債を購入しております。当初は現在76歳の母親は年齢からしてすぐに金利がもらえる利付米国債を購入、55歳の私はゼロクーポン債を自分年金用にラダー型（※）で購入しておりました。

（※著者注）ラダー型とは、毎年同一年限の債券に継続して投資することで、償還年があたかも階段状（ラダー）に1年ずつずれていくことを示しています。もしくは一度に購入するものの、償還年限を1年ごとにずらすことで、償還時の受け取り時期が毎年くる、つまり階段状になることを意味します。

ラダー型購入が完成し、完全なるストレスフリー生活に入っておりましたが、高クーポンが話題になった際に検討し、購入に至りました。まず、余剰金があったこと。完成したラダー型は自分年金額に十分であり追加購入の必要性はありませんでした。高クー

ラダー型で購入すると自分年金が作れる！

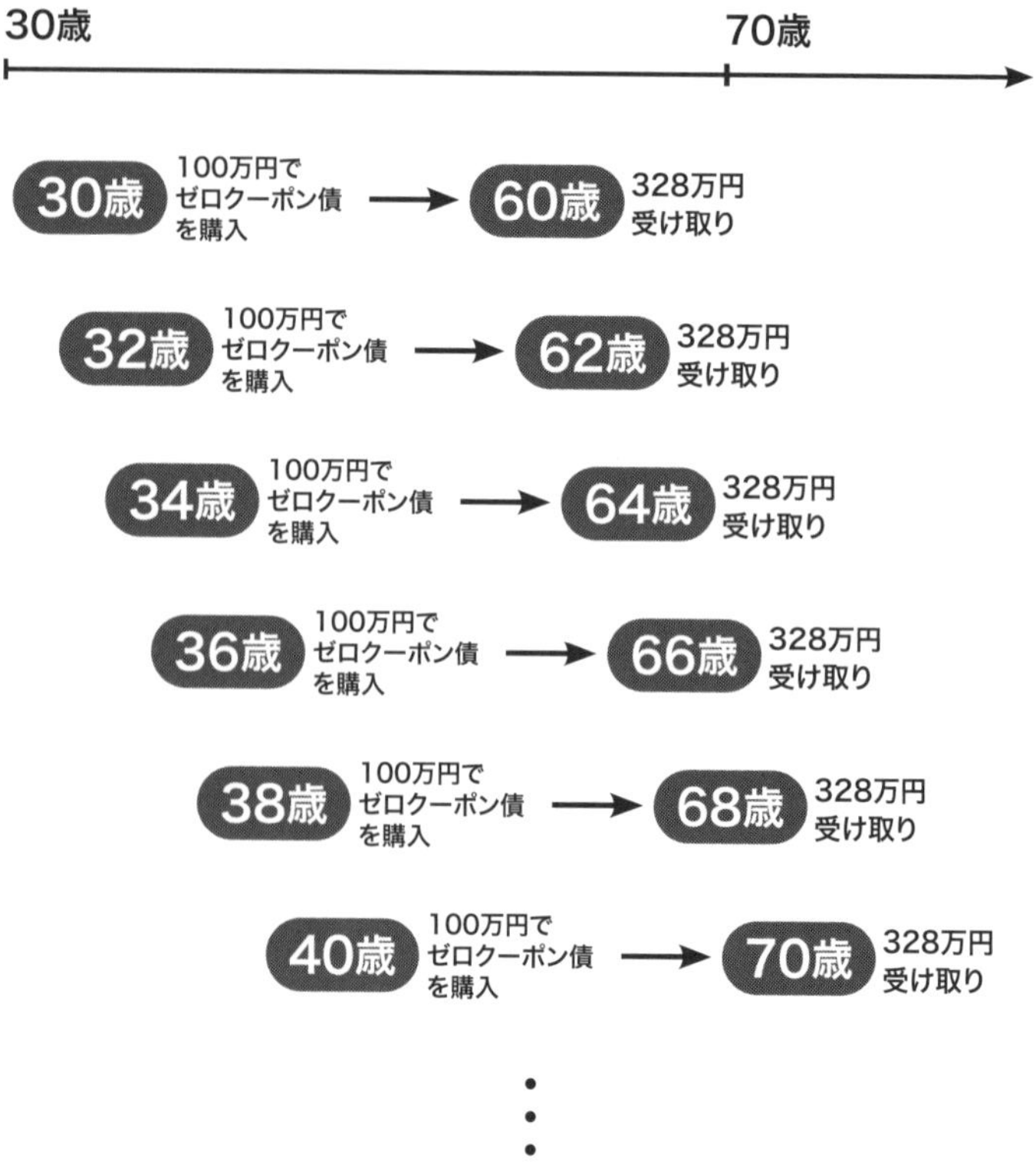

例えば、30歳から2年ごとに
ゼロクーポン債（30年物）を購入すると、
60歳以降2年ごとに328万円受け取れる！

※金利4%で計算した場合の金額です。
※実際の受取金額は、為替レートによって変動し、受取時に源泉徴収されます。

ポンの享受は現在の生活にゆとりをもたらすことから大変魅力を感じました。オーバーパー（※）の米国債の償還時のマイナスについては、日本の財政問題から本ブログに辿り着いた経緯からも円安のシナリオを想定しており、為替差益で損は無いと楽観視をしております。

（※著者注）オーバーパーとは購入時の価格が100を超える債券で、例えば110という価格のものを指します。ちょうど100のものをパーと呼びます。逆に100を下回っているものはアンダーパーと呼びます。債券の償還はいずれの場合も100でされますので、例えば110の価格のオーバーパー債券が償還されると10が損失になります。それをFさんは「償還時のマイナス」と言われているのです。先憂後楽の逆です。オーバーパー債券のメリットはパーである債券と比較すると、同じ年限でも金利が高いことです。その差額が償還時にマイナス分として取り戻されることになります。逆にアンダーパーで購入した債券は償還時には100で戻りますので、その分プラスとなります。もらい損ねた分をあとでもらうことになるのです。先憂後楽型です。

また、購入に至った最大の理由は、2028年と2029年償還に5%超えの利付債があって、私には2028年の約70%で購入したゼロクーポン債の償還もあり、その利益をオーバーパーの利付債のマイナスと相殺出来る税務上のメリットがあったからです。それは高クーポンを享受しながら将来のマイナスを穴埋め出来ることが可能でした。それはゼロクーポン債の利益を無税に出来るからです。但し、為替差益の考慮は無しです。

（※著者注）現在の税制上は、同年中のキャピタルゲイン（売却益）とキャピタルロス（売却損）を相殺できることになっています。従ってゼロクーポン債の償還時に得られるキャピタルゲインへの課税を、高クーポン債の償還時のキャピタルロスで相殺し、税金をセーブしようというのがこの方の戦略です。この税制が今後も継続するか否かはわかりませんが、常識的には継続される可能性は高そうです。

更には早期リタイアした私には利息しか収入はありませんので、確定申告により利息に対する税金の還付を受け、5%超えの利息の全額を無税で享受しております。但し、国民健康保険料の算出は控除後の所得ではない為、申告により増える注意点はあります。

還付金と保険料増額の損得勘定は必要です。高齢者でなくとも購入するメリットがある高クーポンでオーバーパーの米国債の購入例と単純に先憂後楽の逆にもならない、奥深い米国債投資の魅力をお伝えしたくてコメントさせて頂きました。まず、本ブログに辿り着けなければ、米国債投資は一生知り得なかった可能性が高く、仮に知っても絶対に購入していないと思います。その米国債をご著書及び本ブログを参考に購入し、投資に対するストレスフリーと日本の財政問題に対する安心安全を確保したストレスフリーの二本柱が最大の利点、美点、佳所、値打、何と表現したら良いかは分かりませんので知っている言葉を並べさせて頂きました。感謝の気持ちを表したいが為です。

以上がFさんの投稿内容と私のコメントです。Fさんは実に計画的に自分年金を構築されています。たとえ年齢が違ったとしても、米国債投資の方法論として大いに参考にしてみてください。

現在50代の方であれば、例えば65歳の定年退職までの期間は15年と比較的短いのですが、65歳で退職金が入るはずです。もし年金の支給開始年齢が70歳になってしまっていても、65歳から70歳までは退職金で十分にしのげるはずです。ですので50歳からの米国債投資による自分年金は、年限を20年後の70歳で償還を受けられる債券に投資しましょう。以降は毎年同じように20年の債券を買い続けるようにして、例えば65歳の退職まで継続すると85歳までの自分年金を作ることができます。

定年退職を迎えた方でも、超長期の米国債を買うことで自分年金は作れます

定年退職された方はすでにそれなりに年を取っていますので、まず基本的な考え方を決める必要があります。何歳から自分年金を受給し始め、何歳で終えるか、それを決めましょう。それに応じてゼロクーポン債か、あるいは利付債にするかを決めます。10年後からということであれば、それまでの間複利運用のできるゼロクーポン債が有利です。それが償還されたらその時点で利付債にして金利を年2回もらうようにすればよいと思います。

退職後すぐにでも金利をもらいたいのであれば、退職金で利付債に投資して、年に2回の金利収入をもらって、エンジョイしましょう。その際に何年物を買うべきでしょうか。これ

はその方の考え方にもよりますが、私のおすすめはなるべく長い債券です。30年債でもかまいません。すでに述べたように、長期であればあるほどもらえる金利が高いからです。そしてたとえ平均寿命をはるかに超える長期債であっても、元本が減るのは怖いので使えない方なら、なおさら長期債をおすすめします。死んだらそのまま遺産相続に回せばよいだけですので、それまでなるべくたくさんもらってエンジョイしましょう。

「米国債で遺産を残す」という考え方にも触れておきます。米国債は30年物までありますので、60歳以上で30年物に投資し、金利を自分年金としてもらい続けるとします。通常、長期債になればなるほど金利は高くなります。そして途中で死んでも元本は遺産として残せばよいと考えれば、自分の死亡年齢を気にする必要などありません。

もし途中で物入りになった場合、例えば夫婦で海外旅行をするとか、家を改修するとかの場合、必要金額だけ売却すればよいのです。売却の時の金利や為替の動向で多少の増減はありますが、そんなことはなから気にしないことです。それがストレスフリーの幸せ投資の極意でもあります。米国債の優れているところは定期預金のように簡単な投資であるにもかかわらず、解約時にペナルティがないことです。定期預金だと途中解約するとそれまで積み上げたはずの金利が普通預金並みに減らされることがあります。生命保険会社の年金でも同様にペナルティを払う必要があります。

そして１０００ドル単位であれば部分売却はいつでも可能です。売却時の市場金利のレベルによっては元本額が変動しますし、それを円に転換すると為替次第で損得が出ることはご了解ください。それでも債券の自由度は定期預金に比べると非常に大きいですし、株式ほど大きく価格変動しませんので、安心感があります。

そしてなにより、世界で一番安全な資産ですから、株式などと違い長期にわたって発行体の倒産の心配などしなくて済むことが最大のメリットです。

毎年もらえるクーポン金利の高い、高クーポン付き米国債への投資も選択肢の一つですので説明します。

単純な例で説明しましょう。

例えば償還まで20年ある債券が価格１００、金利３％だとします。毎年３％を20年間もらえて、最後に元本が１００で償還されます。しかし高クーポン債券の価格は例えば１２０しますが、金利は毎年４％もらえるとします。両者の違いは毎年もらえる額の差です。ただ、高クーポン債は120で買っても100しか戻ってきません。単純に計算すれば年に1％ずつ得しますが、実際には最後の償還時にまとめて損失が出ます。しかし途中の金利がその分高いのです。毎年3％ではなく4％の金利がもらえるということです。ということは20年経った時の累計金利の20％と元本の損失分20％は単純計算で等しいのです。

70歳の方が20年の長期債を買ったとします。自分が90歳まで生きるかわかりませんが、途中で死んでしまったとしても、元本は遺産で残せます。そして、死ぬまでは短期債に比べて高い金利を使ってエンジョイできるのです。株式と違い元本は必ず100で戻ってきますので、ストレスフリーです。長期債は金利が高いので欲しいが、90歳や100歳までは生きないよ、とおっしゃる方が多いのですが、それでもいいのです。高齢の方で投資をどうしてもしたいという方のほとんどが裕福な方だからです。なによりもかなりの資産を円の大きなリスクにさらしたままにすることがストレスなのです。どうせ遺産で残すのであれば、相続が起こるまでの間、できるだけ金利の高いもので金利収入を得て、エンジョイすることが大切です。円金利のわずか0・01％では、お孫さんの小遣いにもなりません。

私と同じマンションにお住まいの80歳を超えた資産家の方は、私のすすめに従って高格付けの債券に投資しています。具体的には格付けがトリプルAの豪ドル債と米国債の長期物なのですが、そのなかでも高金利のものにのみ投資をされ、毎年かなりの金利を受け取っています。その方は、金利分だけはなんとしても使い切るという楽しみ方をされています。

　例えばその方がご病気になられてまとまった支出が必要になったとしましょう。その場合、元本として購入されている豪ドル債も米国債も部分的に売却は可能です。1000ドル単位くらいでいつでも売却できます。債券のよいところは、多少の価格変動はあるものの、株価の変動よりはるかにマイルドな変動であるため、売る必要のある時に多少値下がりしていても損失感がほとんどないことです。

　債券の価格変動は、売却時にご自分の買われた時の利回りより金利が上昇していると損失が出ます。逆に金利が低下していると利益が出るのです。そして当然買われた時の為替レートと売却される時の為替レートの変動の影響を受けることに注意しましょう。

私が資産運用のアドバイスをした方の実例をご紹介します

2016年3月、ブログのコメント欄でひと月後に定年退職を迎えるTさんから、退職後の資産運用について、アドバイスを求められました。この方は77ページで発言を引用した方で、「先生の著書を購入し感銘を受けています。過去に投資歴はありません。全くの素人ですが、教科書として何度も読み返し勉強中です」という書き込みをされた方です。

Tさんは現預金を多く保有されている上に退職金があり、さらに定年後に子会社に再就職して定期収入が見込めます。現有資産、生保年金と公的年金の見込み額は次ページのとおりです。

もちろんここから税金等が引かれます。

毎年現金で得られるキャッシュフロー収入は、5年ごとに減っていきますが、実際には年齢とともに月々の必要資金も減るので、あまり心配はいらないと思います。

こうした収入の上にこれまでの貯蓄・預金が1550万円あり、それに退職金約2000万円を加えますと、現預金が3550万円もあります。

はっきり申し上げて資産運用などやらなくても、はなから悠々自適に暮らすことができます。しかし何もせずに現金を積んでおくことは、日本や円にリスクを感じている方には、大

Tさんの資産状況

現預金 （郵貯、銀行預金、生命保険など）	約1550万円
退職見込み金額	約2000万円
	約3550万円

●60～64歳までの定期収入見込み額

再就職先からの給与	40万円
財形年金貯蓄	5万円
生命保険	15万円
	＝月額60万円

※財形年金貯蓄：勤務先の会社などが法律に基づき導入する年金貯蓄。
金利に税制上のメリットがある。

●65～69歳までの定期収入見込み額 ※完全リタイア後

公的年金	21万円
財形年金貯蓄	5万円
生命保険	15万円
	＝月額41万円

●70歳以降の定期収入見込み額

公的年金	21万円
生命保険A	5万円
生命保険B	8万円
	＝月額36万円

きなストレスになります。それが1000万円以上だとなおさらです。

そこでTさんは私の著書とブログ上での直接のアドバイスに従って、現預金のかなりの割合を定期的にドルに転換し、その上でタイミングを見ながら米国債に投資を行うことにしました。定期的にドルに転換するのは、一度に転換すると為替変動のリスクを大きく取ることになりますので、時期を分散することでリスクを緩和しようという意図からです。そして米国債への投資も金利の変動リスクを考慮して時期を分散されています。Tさんは2018年3月末で無事完全に退職され、その後も順調に投資を実行されています。そして他の方同様、投資をするごとにストレスフリーになっていくことを実感されています。

Tさんの場合、今後現預金のうち例えば3000万円を米国債で3％の金利で運用されますと、為替レートが現在と変わらなければ、年に約90万円の収入になりますので、月額では7・5万円です。70歳以降の年金36万円に7・5万円を加えると、月額43・5万円となり、かなりゆとりのある生活が送れることになります。

しかも一番大切なことは、今後日本国に何らかの大ごとが起こっても、ドルで3000万円分もヘッジされていますので、心配が不要ということです。ヘッジとは、保険をかけるのと同じ意味です。円が暴落してもドル資産があれば減価分を補填してくれるという意味です。

そのためストレスフリーの生活が送れるのです。

ではもしドルが暴落したらどうなるのでしょう。考えにくいことではありますが、全くないとは言い切れません。でもよく考えてみてください。現預金のほとんどをドルにしたところで、公的年金をはじめその他の年金もすべては円建てで、しかも自宅不動産も円建てです。年金などを例えば20年間もらうと、その合計額は約1億円にもなります。自宅不動産を金額換算しなくても、ドルへの3000万円の投資は実は3割でしかありません。しかもそれが日本のリスク＝円のリスクをヘッジしてくれるのですから、安心料としては安いものです。

サラリーマン人生を無事に終えた方は、どのように資産運用すべきでしょうか？

ではTさんほどの資産はないが、その半分程度はあるという方の場合はどうでしょうか。公的年金などの収入見込み額も半分とし、ちょうど定年退職を迎えた方を想定してみたいと思います。およそ平均的なサラリーマンの資産と年金額です。

年齢65歳、現預金2000万円、年金23万円

というような方を例にしてみましょう。

多くの方は銀行預金として円を保有していると思いますが、円預金にしても金利はほとんどゼロです。なので、現預金の2000万円を超長期、30年満期の米国債に投資したと仮定します。2023年3月末時点の利率は3・7%程度ですので、毎年の利子収入は74万円です。実際には米国債の利子は半年ごとに半分ずつ支払われます。それを月額に直すと、約6・2万円（74万円÷12か月）。源泉税の2割を引いたあとでも約4・9万円です。私のようにゴルフ好きの方であれば、月に2、3回は行ける勘定になります。

年金の23万円に4・9万円をプラスすると27・9万円になります。ある生命保険会社による高齢夫婦の生活に必要な月額とちょうど同額になりました。家を保有しているなら、夫婦ふたりの月額収入としては十分な額ではないでしょうか。

何年かに一度は海外旅行をしたいという場合、米国債は1000ドル単位くらいでいつでも売却可能ですので、そのたびごとに売却すればよいのです。売却は簡単で、債券を預けて

いる証券会社に「〇〇ドル分を売りたい」と一言言えば済みます。しかも保有している債券はドル建てなので、ドル建ての旅費が上がってしまっても、ヘッジされているので大丈夫です。

でも、現在65歳だと、30年債が償還を迎える30年後は95歳になってしまいます。「そこまで生きないよ」という方はどうすべきでしょう。それでも私のおすすめは30年債です。理由は長期であるほど金利が高いからです。日本人の多くの方は、元本の取り崩しはなかなかできません。でも利子であれば正々堂々と使って楽しむことができます。途中で死んでしまったら奥様やお子さんに遺産として残せばよいのです。もちろんその時に一部を売却して葬儀費用に充てることもできます。

もっと積極的に利子を得て楽しみたい方には、前述した「高クーポン付き米国債」をおすすめします。現在より利子率の高かった時に発行された米国債を買うのです。米国債で最も長期の債券は30年債ですから、過去に発行された既発債の償還期日はもちろん30年より短く、例えば残存年数が20年というようなものがあります。

既発債にはたとえば以下のようなものがあります。こちらもブログの読者のおひとりが証券会社のサイトで見つけて知らせてくれたもので、償還までの残存年数が9年のものです。

クーポン利率5・5％　価格120・73　最終利回り3・032％　償還2028年

これはきっと今を去ること20年ほど前に発行された30年債で、発行から21年を経て市場に出回ってきたものだと思われます。そのためクーポン利率は5・5％と非常に高いのですが、その代わり価格も発行時の100に対して2割も値上がりしていて、120・73となっています。債券価格は発行価格100に対して現在はいくらかというパーセント表示ですので、要は元本が20・73％値上がりしたということです。為替の変動は考えずに円だとして考えてみましょう。簡便化のために1ドル100円として計算します。

この債券を上記のとおり120万7300円で買うと、毎年5・5万円の金利をもらえることになります。かなりよい条件に思えますよね。ところが最終利回りは5・5％ではなく3・032％と表示されています。何故でしょう。理由は約120万円で買っても、満期時の償還金額は100万円しかないからです。つまり償還の時には元本が減ってしまうのです。その減った分を年あたりに換算しそれを加味した最終利回りは3％強になるということです。およその金額で言えば、120万円が100万円になるということは20万円のマイナスで、年換算では２万円、つまりクーポン収入が年に５万円でも元本は年に２万円目減りしているので、実質は年に３万円の収入しかないのです。

これを本項の冒頭でご紹介した平均的なサラリーマンの事例に適用しますと、２０００万円に対して５・５％の金利収入ですから、毎年１１０万円、月額９・２万円の自分年金が作れます。源泉徴収分はご自分で考慮してください。

これは高い元本を払って自分で自分に配当しているのと同じではありません。しかし大事なことは、ご自分の資産のかなりの部分をドルでヘッジできているという安心感を得られることです。しかも、少なくとも３％を上回る利回りは保証されているのですから。３％の利付き保険と言えなくもありません。ここで言う保険とは生命保険などではなく、日本国に激震が走った時の保険という意味です。

こうした高クーポンの債券は人気の高い希少品です。

投資うつになるか、幸せになるか。それが重要です

ここでまた私が実際にアドバイスを差し上げた方の例を紹介させていただきます。

私は最初の著書を書いている時に自分に自信が持てず、原稿段階で10人近い友人たちに読んでもらいました。大学時代からの友人もいれば、金融関係のプロもいました。大学時代の友人たちはちょうど60歳を過ぎたくらいで、退職金を得たところでした。その中のひとりが自分の資産運用について相談をしてきたのです。

相談内容は、「実は退職金を証券会社の言うがままに投資信託などに投資したけど、かなりの損失を出してしまった。どうしたらいいだろう」というものでした。損失は投資額の3分の1にもなっているとのこと。金額的にはかなりの額にのぼっていました。しかもさらに深刻だったのは、父親の遺産を相続した母親と姉も同じアドバイスに従って投資をしたために、やはり3分の1も資産を失っていて、ふたりともこのままではうつ病になりかねないとのこと。親しい友人であったこともあり、とてもそのままにはできません。私はかなり思い切った提案をしました。それは、これまでの投資をすべていったん整理し、超安全な債券だけの投資にしたらどうか。それもデフォルトの不安がない米国債をメインにすべきだという提案です。

彼は家族と相談し、私のアドバイスに従ってこれまでの株式や投資信託中心の投資資産を整理し、すべてを安全な債券投資に切り替えました。するとほどなく彼から連絡があり、まだ実際に成果が出てもいないのに「母親と姉が見違えるほど元気になった」と言うではありませんか。そしてもちろん自分自身も投資の強いストレスから解放されたことで気分がとてもすっきりし、どうやらこれから先リタイア生活を楽しめそうだというのです。

私にとってこのことは実に新鮮な驚きでした。それが前回に加えて今回この本を書く大きなきっかけになったと言っても過言ではありません。私のアドバイスで、もしかすると人を幸せにすることができるかもしれないと思った瞬間です。

投資は自分で一生懸命稼いだオカネが目の前で増えたり減ったりする、とてつもなくストレスを感じる行為です。増えている時はちょっと幸せを感じるかもしれませんが、少しでも減ると泣けるほど悲しくなります。友人の例で言えば、退職金をもらってこれからが人生で一番楽しいリタイア生活を送れるはずが、全く正反対の不幸のどん底に突き落とされてしまっていたのです。

ちなみにその友人とご家族の成績はどうかと申しますと、ポートフォリオを一新してからわずか1年後にはすべての損失をカバーし、2年後には大きなおつりがもたらされ、その後も実に順調なパフォーマンスを示しています。金利がある程度高く、ドルがかなり安かった段階で米国債をメインとした投資に切り替えたのですから、びっくりするようなパフォーマンスを得ることができたのです。

しかしそれはそれ。私の投資基準は短期間で大きなキャピタルゲインや為替差益を得たりすることでは決してありません。偶然そうなっていればもちろんそれにこしたことはないのですが、それよりもずっと大事なことは、債券への投資はゴールが決まっていて、ゴールでは少なくとも投資した通貨建てでは損失が出ないことです。

資産運用のリスクは何かをきちんと理解しましょう

前項では投資の失敗からうつ病になりかけ、その後見事に健康を取り戻した友人の家族の例を紹介しました。ところが同じ大学時代の仲間でも、私の話を全く受け付けない友人もいました。彼も私と同世代で、立派な大手銀行に就職しました。そして長く銀行マンとしてキャリアを積み、海外駐在も経験しているため、自分の資産のリスクについては十分に心得ているものと思っていました。

しかし意外にもリスク管理の心得はゼロだったのです。日本の銀行はたとえ大手でも１９９０年代後半からは危機に見舞われ、合併統合を繰り返しました。自行の株式を持ち株会で買い続けていても、バブル時代の高株価を回復することはほぼありません。自社株買いとは、もしも会社がつぶれたら仕事を失うとともに、資産も失うという最悪の事態を招くリスクの二重取りになることです。彼はご多分にもれず自社株を買い続け、退職金を含めた全金融資産の約３分の１が自分のいた銀行の株式だというのです。

「雇用のリスクがあるのに、よくもまあ株のリスクまで取ってきたね」

と言うと、彼は、

「そんなのリスクだと思ったことは一度もないよ」

と言い放ちました。私は返す言葉を失いました。彼の考え方が一般的日本人の当たり前の感覚なのでしょう。彼のいた銀行は入社してから大きな合併を繰り返して、今でも大手銀行として生きながらえていますので、身につまされるリスクを感じなかったのでしょう。しかしせっかく乗りかかった船なので彼に、企業年金や株式保有のリスクを少しでも減らすために米国債でも買ったらとアドバイスしたのですが、それも全く相手にしてもらえませんでした。そうか、銀行マンの大半がこの程度の自己リスク管理もできないから、あの壮大なバブルをつくり出し、みんなで大損したんだなと私は自分を納得させました。

私のいたＪＡＬのことを考えてみると、二重取り三重取りになっているリスクの大きさは一目瞭然です。倒産するはずのない元国策会社であるＪＡＬも、見事に倒産しました。その結果、社員の3分の1は人減らしのため会社を去らざるを得ませんでした。仕事というサラリーマンにとって最も大事なものをあっという間に失う人が出たのです。その上従業員持株会で営々と築きあげた保有株式の価値は一瞬にしてゼロとなり、将来の収入が確定しているはずの企業年金も大幅に減額され、大事な大事な退職金ですら大幅な減額を受けたのです。何故そうしたことが一気に起こってしまったのか。リスクは「雇用」と「退職金」だけにとどめておくべきなのに、株式や付加年金などにまで拡げてしまったからにほかなりません。

ここで特に若い方は次のことを肝に銘じておいてください。企業で働くということは雇用が継続されないかもしれないという大きなリスクの上に、退職金がもらえないかもしれないというリスクを二重に取っていることになり、その上持ち株会で自社の株式まで買うことは三重のリスクを取っていることになるのです。

そうしたリスクの二重取り三重取りは絶対にやめましょう。少なくとも自社株リスクからは解放されるべきです。

リスクはそれだけにとどまりません。会社勤めが終わり、いよいよリタイア生活に入る時、日本政府主導の年金リスクも取っていますので、もう一つのリスクを取ることになるのを認識しておいてください。日本の公的年金も、リスクの二重取りをしていますので、それを含めればリスクの五重取りです。

それを説明しましょう。

世界の公的年金の中で、極めて注目を集め、よいパフォーマンスをあげ続けている年金があります。

23ページでも触れましたが、ノルウェーの公的年金ファンドです。

彼らの運用方針の第一は、「自国の株式・債券などの金融資産には一切投資をしない」というものです。理由はもうおわかりですよね。大事な自国民の年金のリスクを二重にするのを避けるためです。二重という意味は、自国で雇用され自国通貨で賃金支払いを受け続けられるか否かのリスクと、年金の運用を自国資産で運用し続けることのリスクの二重取りということです。もしノルウェーという国家がおかしくなると、失業と年金喪失が一度に来る恐れがあるためそれを避けているのです。そして最近韓国でも同様に公的年金の投資先から自国資産を除くという動きが出始めているとの報道がありました。賢い選択だと思います。

日本も是非そうすべきですが、投資後進国の日本ではリスクの二重取りということを認識できる識者がほとんどいません。年金の中身は円資産だらけだし、日本国債が最重要資産になっています。しかも政府が債券は買うな、株式を買えと国民に号令をかけ、リスク資産こそが投資だとしてNISAを作り株式投資を推進し、我々の積み立てた年金も勝手に株式投資につぎ込んでいるのです。

さらに日本だけの超異常なリスクは中央銀行である日銀のリスクです。金融機関をしっかりと監督する立場にいるはずの日銀が、株式投資でリスクを取るというのは、国際的にはスキャンダルです。日本という国の構造にはガバナンスのガの字もないし、政府も日銀も年金運用機関のGPIFにもリスク管理必要性の認識がありません。

年金運用もさすがに最近になって少しだけ外貨資産への投資割合を増やし始めています。リスク分散の観点からは好ましい動きだと思います。

ここまでリスクとは何かについて、様々な角度から見てきました。従業員持ち株会から退職年金まで、誰しもが非常に大きなリスクを二重三重に取っています。みなさんも自分の置かれている所にはありとあらゆるリスクがあるということを、しっかりと点検してみてください。リスクは給料をくれる大事な会社だけではありません。日本に住み、税金を払い、年金を含む社会保険料を支払う、それも実は大きなリスクを取っているのです。

「我が国は永遠に不滅です」などと思ったら大間違い。あの破綻したギリシャよりはるかに大きな借金を負っている国に暮らしているのです。日本の財政が破綻に瀕すれば、ギリシャと同じく年金の支払い開始年齢はどんどん遅くなり、金額も減らされるのは必定です。すでにそうした動きが始まっていることは、60歳からもらえると思っていてもらえなかった方は身にしみていることでしょう。今後年金支給開始年齢は、どんどん先延ばしされることになるでしょう。理由は制度そのものに永続性がないからです。成長の困難な国の年金が、成長を前提に組み立てられていれば、先行きは見なくてもわかりそうです。いま一度申し上げますが、みなさんもご自分の置かれている状況には、どういったリスクが潜んでいるのか、しっかりと見直してみてください。

第五章

「お金のリスク」にご用心

オカネが絡むと、騙す側も巧妙なので注意が必要です

みなさんは企業や金融機関、赤の他人をどの程度信用しているでしょうか。

私からすると、日本人は他人や会社を信用し過ぎているように思えます。オレオレ詐欺に遭う人々を見て笑いながら「自分は大丈夫」と思っている方も、私から見ると他人を信用し過ぎています。

私のところには様々な投資商品を買って「元本そのものが全く返済されない」と泣きついてくる方がたくさんいらっしゃいます。アメリカの原野開発投資、発展途上国の不動産投資から肉牛飼育への投資、そして意味不明の儲け話に至るまで千差万別です。

２０１８年に破産したマルチ商法のジャパンライフの詐欺事件では、２４００億円もの資金が消えました。昔からマルチ商法の詐欺は横行し注意喚起されているにもかかわらず、いくらでも引っかかる人がいるのには、本当に驚かされます。

ところが世の中には巧妙極まりない投資詐欺もあり、単なる詐欺か本当の投資話か、見極

めるのが難しいものもあります。

私が相談を受けたお金持ちの方の一例を挙げます。「カリブのタックスヘイブンにあるファンド会社に預けると毎年7%くらいのリターンが入ってきます」という謳い文句に乗せられて1億円近いオカネを投資し、根こそぎ詐欺の被害に遭ったという例です。最終的返済率はわずか2%でした。

この詐欺事件はマスコミ沙汰にもなりましたが、非常に手が込んでいます。まず主宰者は信用を得る方法として虎の威を借るのです。虎とは元アメリカ大統領などで、主宰者は元大統領と一緒に撮った写真をパンフレットに掲げています。そして金持ちを集めた豪華なパーティーを東京の密やかなプライベート・クラブで開き、そこにはどこぞの元大統領○○夫人が人寄せパンダとして出席します。私なら「元アメリカ大統領と撮った写真、そして○○夫人」とくれば詐欺だとピーンとくるのですが、誰でも知っている著名人も含め数十人ものお金持ちの方がまんまと騙されました。平均的にはひとり数千万円にも達する被害を受けたのです。

私がとても手が込んでいるなと思ったのは、まず投資単位が最低でも1000万円であること。リターン利率が高すぎない7%程度であること。そしてそれらの客を実際にカリブのタックスヘイブンに連れて行き、自分名義の口座を開設するツアーまで催行したことです。いわゆる富裕層の心をくすぐる必要条件が満載なのです。

実際に現地で銀行口座を開設し、日本から送金させます。自分の口座への送金ですから不安は全くありません。その後、預け金をすべてあるファンドに投資させるのです。そしてもっと安心させるために、3か月後には最初の配当がきちんと口座に振り込まれます。もちろんそれは単なる撒き餌で、追加の投資を募るための擬装配当なのです。すっかりその気になった客はここぞとばかりに自分の資産の大半をカリブの自分の口座宛てに振り込み、ファンドに追加投資します。すると1年くらい経つと配当が徐々に減り、そのうちにストップします。

そこで主宰者から出てくる言葉は「今はちょっと投資がうまくいっていない」という言い訳ですが、初めから投資などしていない詐欺だとはまだ誰も気づきません。単純な詐欺だと捕まる恐れがありますが、投資での損失を装うことで詐欺罪には当たらないよう工夫しているのです。2年後3年後くらいになるとやっとみんなが騙されたらしいことに気がつくのですが、もちろん後の祭りです。カリブの投資会社など倒産したことにして、とっくにもぬけの殻になっているので、訴える相手もよくわからない状態になってしまうのです。たとえ訴えることができたとしても、投資損失が大きくて戻るのは2％だと言われれば、それをもって泣き寝入りする以外ないのが実態でした。

この話をしたのは、投資を長期間日常的に行っているような大金持ちの方でも、巧妙な詐欺には引っかかるということをお示しし、みなさんが今行っている投資が詐欺ではないかどうかを改めて確認していただきたいからです。詐欺師の元本保証や20％のリターンだと「ウソだろう」と言う方でも、7％程度の配当で元本保証なし、カリブのタックスヘイブンで自分の口座を作るところまでいくと、ものの見事に引っかかります。どうぞ、お気をつけくださいませ。

プリペイドカードやポイントカードでも疑うクセをつけましょう

次はもっと身近なお話です。みなさんもたくさんお持ちだと思うのですが、プリペイドカードやポイントカードに関して書いてみたいと思います。

私は前払いによってディスカウントをもらったり、ポイントを集めてあとでそれを使って買い物をしたりすることを嫌います。理由はその会社がつぶれたり、カードを紛失したりしたらそれでパーになることがあるからです。

みなさんはプリペイドカードで残高がありながら使うことができなくなったことはありませんか。私の例を挙げますと、私はゴルフが好きなのでよく練習場に行きますが、ゴルフ練習場のほとんどはプリペイドカードの購入を義務付けています。ボールの出てくる機械がカード以外受け付けないのです。しかたなく1000円から5000円程度のカードを買うのですが、ある時1500円残っていたカードを持って練習場に出かけると、その練習場がつぶれてマンションの建設工事が始まっていました。わずか1500円の話ですが、相手を信用してオカネを預けるとこのようなことがあるという私のかわいい失敗談です。ポイントカードでもかつて同じように小さな金額ですが、相手が倒産して使いそこねたことがあります。

みなさんも人にオカネを預けたり、ポイントを貯めたりしていますよね。銀行に預金するのは預金保険機構が一応1000万円まで保証してくれるので、その範囲でならいいとしましょう。しかし少額であってもプリペイドカードのようなものは、一応相手を疑ってみてください。さすがに鉄道・バスの共通プリペイドカードなら心配には及びませんが、通販での先払いやガソリンスタンドのプリペイドカードは疑ってかかりましょう。通販は金額が大きければ商品の到着をもって代引きとすべきだし、ポイントは使うチャンスがあれば決して貯めることなく全部使用してカラにしておくべきです。現代のようなネット時代においては、そうした自己防衛は子供の頃から躾《しつ》ける必要があると思います。

オカネは人に預けてはいけないのです

うってかわって、ちょっとドキッとするくらい大きな損失の話をします。私の高校時代の友人の話で、3000万円ものオカネを失いました。

原因は不動産賃貸の敷金、10か月分の賃料です。彼は商店街で商売をするにあたり、繁華街の1店舗を賃借することにしました。バブルが膨らみ始める頃の話で、その後バブル景気に乗って商売は順調でした。しかしバブル崩壊後は商店街自体が閑散とし始め、彼の商売も細っていきました。そこで店をたたむことにしたのですが、なんと3000万円の敷金の返還請求に大家が応じず、「ちょっと待ってくれ。ない袖は振れない」の一点張りだと言うのです。つまり大家は預かったオカネを別の用途に使ってしまい、文無しだったのです。店舗やオフィスビルを借りる際にはいまだに10か月程度の巨額の敷金を要求されます。

さて、賃貸物件に暮らしているみなさん、大家さんは大丈夫ですか。信用調査はなさいましたか。その物件を仲介した業者は大家の信用情報を示しましたか。きっとそんなことはしていないでしょう。せいぜい2〜3か月分の敷金でしょうから。それでも大家が破産すれば、みなさんの敷金は戻ってきません。アパートの物件があるから大丈夫ですって？　いいえ、破綻するような大家はほとんどの物件を担保にして銀行借入をし、その返済に窮して破綻するのです。破綻したとたん抵当権を持つ銀行が不動産を差し押さえ、大家は夜逃げをするか、友人が痛い目に遭った例のように「ない袖は振れない」と開き直るかのどちらかです。

そもそも日本の敷金のシステムと大きさは異常です。たとえ大金でなくとも大家に預けること自体、異常極まりないシステムです。例えばアメリカなどはどうなっているのでしょうか。他人を一切信用しないアメリカのシステムは実に安全でリーズナブルなシステムです。敷金はすべて信託機関などに信託され、大家が手を付けて使い込むことなど絶対にできません。反対に大家もテナントが毎月の賃料を滞納すれば、信託された敷金から賃料を得ることができるシステムで、信託口座を介してお互いに不安を感じる必要のないシステムなのです。

日本でも同じシステムは簡単にできますし、信託銀行が商売ネタにすればよいと思うのですが、不動産市場が一方的に売り手市場であった時代が長かったせいか、そうはなっていません。こうした理不尽なことこそ、法律でしっかりと規制すべきだと思います。日本という国はすべての経済取引で最も大切な「信用供与」ということについては、超後進国なのです。

みなさんもオカネをいったい誰に預けているのか、相手は安全なのか、いま一度確認してみましょう。ゴルフ好きの方、メンバーになるにあたってゴルフ場の運営会社に預けた数百万円もの預託金、大丈夫ですか？

ネット情報の落とし穴はこれです

若い方であれば何か物を買う時には、常に商品や売り手の情報をネットで調べるクセがついていると思います。いわゆる「口コミ」などもそれに含まれます。数百円の本1冊、1000円のランチであってもネットから情報を得るクセがついているので、選択を間違えるリスクはネット情報のない時代に比べて格段に低くなっていると思われます。

では投資情報はどうでしょう。本やグルメのように、ある程度信頼できる情報をネットで簡単に得ることが可能でしょうか。試しにキーワードをいくつか入力してインターネットで検索してみましょう。

検索キーワード1　「投資の初歩」

出てくるサイトは不動産と株式、投資信託の情報がほぼすべてです。そしてそれらのサイトにアクセスしてみると、株式投資信託や不動産投資などへ誘導する広告が満載で、まるで激安通販サイトのようです。投資の初歩はどこだと言いたくなります。しつこく探すと、一応証券会社や投信会社の運営する投資の基礎情報やセミナー情報には行きつけます。しかし、誘導されるままに行くと株や不動産など大きなリスクを取る商品のみで、地味な債券などはほとんど出てきません。

個人が運営する投資教室的なサイトもありますが、実際に見てみるとアフィリエイト広告満載の誘導サイトです。クリックされることでなにがしかの手数料を得る目的が見え見えで、最後は株式投資の銘柄選びか投信選びの情報になっています。

検索キーワード2　「安全な投資」

このキーワードでも、やはり不動産投資サイトが多く出てきます。試しにいくつかのサイトを見てみると、こちらも広告が盛りだくさんの激安通販サイトのようでした。もう少し詳しく探していくと、証券会社のサイトが一応出てきて、一応安全を装うキーワードがあります。「こつこつと」と「無理なく」です。そう謳ってはいますが、まず最初に出てくるのは株式投資と投資信託で、債券投資は最後のほうにやっと出てきます。

しかしその前には、「あなたの生涯資金はいくら足りない」という不安を煽る数字が並んでいて、「それを補うには投資が必要だ」と結論付けています。それ自体は全く問題がないと思ったのですが、「投資をすればそれが補えますよ」という無言の誘導付きなのが気になりました。リスクに対する説明もきちんとなされているようには見えません。

結論を申し上げますと、「投資の初歩」や「安全な投資」というキーワードで検索しても、本当に安全な投資法を案内しているサイトには行き当たりません。

何故でしょうか。

投資関係者が、次の二つのうちのいずれかなのでしょう。

1　安全な投資法を知らない

2　安全な投資ではフィーを稼げないので教えない

私自身は、日本の証券会社のように一般投資家を商売の対象にしている会社に在籍したことはありませんので、社内教育の実態を見たことはありません。しかし知り合いには多くの証券会社の社員、銀行員、保険会社の社員がいますので、社内教育の内容を知る機会は今までに幾度となくありました。

たいていは資格取得や、顧客対応の教育から始まります。資格とは証券外務員とファイナンシャル・プランナー（ＦＰ）で、それらは本屋さんで資格取得コーナーにある本を見ればおよその内容を見ることができます。その中には顧客のリスク許容度に合わせた商品をすすめるべきだという一般論がもちろん書いてあります。

にもかかわらず、実際に仕事が始まるとそんなことは全く無視して、本社や上司からの「売れ」という指示のもと、リスク許容度など全く無視した営業が始まるのです。その実態がどのようなものかは、95ページで紹介したとおり。とんでもないジャンクボンド投信を、内容を理解できない高齢者に売りつけるのです。

このことは証券会社に限りません。

以前、私のところに相談に来られた方の例を紹介します。その方は80歳を超えていらっしゃったのですが、取引口座を持っているメガバンクの支店長からとんでもないリスクの年金型保険を売りつけられたのです。しかも1000万円の前払いです。残念なことにその方が相談に来られたのは保険に加入して1週間ほど経ってからのことでした。

その内容をかいつまんで説明しますと、当初の10年間は据え置きで、解約には当然手数料がかかります。いいですか、80歳の方ですよ。10年間据え置いたら90歳になってしまいます。そこから年金をもらい始めても、いつまでもらえるでしょうか。

あまりのことなので、その方と一緒に売りつけたメガバンクに出向き、「支店長を出せ」とやってみました。出てきたのはもちろん予想どおり、支店長「代理」です。そこで単刀直入に、「80歳の方に10年据え置きの年金をすすめるとは何事か」と言うと、これまた予想していたとおりに「あなたはこの方とどういう関係か」という質問が返ってきました。

法的な後見人でもない私は単なる善意の第三者ですから、それ以上の問答はやめ、こう聞いてみました。

「あなたは80歳の方に10年据え置き保険を売りつけて、ご自分の良心がとがめないのか」

前述のベテラン証券レディーに対する質問と同じものです。残念なことに答えも同じでした。

「そのようなことは全くございません」

その方は私のアドバイスに従ってその場で契約解除の手続きをしました。悔しい限りですが、たった1週間で20万円もの解約手数料を払うことになりました。それでもその方はこうおっしゃってくれました。

「あなたのアドバイスに従ってよかった。この先はオカネを増やそうなどとせずに、どんどん楽しく使うことにします」

相談に来られた時の暗い表情から解放され、とても明るい表情だったのがせめてもの救いでした。おかしな投資をやめるだけで、人はこんなにも幸せになれるのです。

こうした経験の積み重ねが、この本を執筆する一番の動機です。投資の本なのに、投資なんかやめなさいという本はほとんどありません。しかし今の日本で投資をすることは、損失の恐怖にかられてただただストレスを溜めるだけです。同じことを繰り返しますが、特に高齢の方は、絶対に投資をやめるべきです。それだけで残りの人生を何倍も楽しく過ごせるはずです。

投資関係者が得意とするセールストークをまとめます

ここまでお読みいただいた方は、投資の知識を投資関係者に習えば、彼らが利益を受ける商品に誘導される可能性があるということをおわかりいただけたかと思います。例えば債券を買いたいと言えば、決して現物の債券をすすめたりせず、債券投資信託をすすめて多くの手数料収入を得ようとするのが証券会社です。

投資信託を窓口販売する銀行や、証券子会社を抱える銀行もしかり。年金商品を扱う生命保険会社もしかり。特に銀行は日銀による異次元緩和政策のおかげで、本来の業務である集めた預金を貸し付けて利ザヤを得ることができなくなってきたため、フィー・ビジネスに傾注しています。フィー・ビジネスとは投資信託などを売って手数料を稼ぐことです。

口座を開設している銀行から突然電話がかかってきて、投資をすすめられたりした経験がみなさんにもあると思います。中には初歩的な投資の経験すら持たない預金者に、いきなり超危険なＦＸ取引、つまり為替への投機をすすめることまであるのが昨今の銀行です。

私は以下のような企業・金融機関を「アドバイスを受けてはいけない投資関係者」として警鐘を鳴らしたいと考えています。これらの企業・金融機関は、みなさんが投資をすることで直接メリットを受けているのです。

- 証券会社、投資顧問会社
- 都銀、地銀、郵貯を含む銀行
- 生命保険会社、損害保険会社

こうした会社などは、常に高いフィーを得たいというバイアスがかかっているので、みなさんの得失はさておき、自分たちの都合を優先します。絶対にアドバイスを信用してはいけません。

それぞれの金融機関がすすめてくる金融商品を以下に挙げておきますので、注意してください。

証券会社：好配当銘柄を中心に選ぶ投信や株式銘柄

「好」配当とは、本来は「高」配当なのですが、当局の指導により高い配当で釣るのを自粛しろと言われたため、「好」という字を使うことにしたものです。そもそも株式や投資信託の配当とは、それを配ったらその分価格が下がるだけの話で、金利のように元本はそのままで利子だけがもらえるというものではありません。「配当落ち」という言葉がありますが、配当はもらえばその金額分、価格は下がるので、高いからよいというものではないのです。配当落ち後に、元の価格を回復したとすれば、配当分だけは得したことになりますが、それはあくまで値を戻したら、という条件付きです。

都銀、地銀、郵貯を含む銀行：変額年金保険

バブル時代に変額年金保険という商品に騙され、大損をした方が多数いました。お堀端にある大手保険会社の本社を騙された人々が取り囲み、何か月も抗議を続けていたのを覚えている方もいらっしゃると思います。その騙しの手口は、正義感の強い私に言わせれば、ほとんど詐欺と言えるほど悪質なものでした。どのようなものか、今後も似たような手口にみなさんが騙されないようにするために詳しく解説します。

まず一番悪質なのは「変額保険」というネーミングです。保険という言葉はそもそも「危険を回避する」あるいは「危険に対して備える」というニュアンスを持っています。しかし変額保険はただの株式投資信託だったのです。

この保険は掛け捨てではなく貯蓄性の保険で、「変額」と名前が付いているのは返戻金額が変動するからです。しかもその変動は株価などに連動します。売られていた時期が1986年から1991年ですから、株価がピークの時期でした。貯蓄性ですので毎月掛け金を積み上げるのではなく、開始時に一括払い込みをします。つまり一番の高値で株式投資をしたことになるわけです。

ここまででも看板に偽りありで十分犯罪行為だと言えるのですが、その悪質さはここからが本領を発揮します。投資額が多くない人用に、保険会社は銀行と組みローンを付けてあげるのです。今風に言えば、レバレッジを効かせるということで、危険度はどんどん上がります。しかも卑怯なことに、危険度が上がっていることを隠す謳い文句までありました。「借金をすることで、相続の時にその分資産圧縮ができる」というものです。

言うまでもないのですが、悲惨な結末が待っていました。例えば1000万の投資をするつもりで変額保険を買ったとします。それに家を担保に2000万のローンを組ませて投資額を3倍の3000万にしたとします。

バブル崩壊により株価は高値からあっという間に3分の1程度になりました。ということは持ち金1000万が300万になったのではありません。3000万が1000万になったのです。つまり2000万の損失が出たので、もともとの1000万を失っただけでは済まず、逆に1000万の借金だけが残ったことになります。しかも高金利時代のことですから、借金はどんどん膨らみます。すると担保の持ち家を取られたり、元本などろくになかった人の中には借金を苦に自殺する人まで出て社会問題になりました。

人々が無条件に信用する大手銀行と大手生命保険会社が組んで仕組み、借金までさせて変額保険という名の株式投資を行わせる、非常に悪辣《あくらつ》な手口です。そしていまだに「変額年金保険」という名で売られ続けていることに驚かされます。

では、投資アドバイスでフィーを受け取るファイナンシャル・プランナーはどうでしょうか。金融機関などに属していない独立系のFPであれば、中立的な立場で商品の評価をできると思います。金融機関の社員ですと、その金融機関のすすめる商品を売ろうとするため、必ずしも顧客のニーズに合わせたアドバイスをするとは限りませんので、避けるべきでしょう。

ですが、独立系のFPにも問題はあります。それは個人の資質により内容に差がつく可能性があることです。質の高さはあらかじめ判断するのは難しいので、ネットの情報などで判断するしかなさそうですが、ネットの情報ほど当てにならないものはありません。当たるも八卦当たらぬも八卦で大事なオカネを預ける、あるいはアドバイスをもらうのは不安が残ります。

いま一つ注意すべきことは、独立系であってもある金融商品をすすめて、それが成約するとフィーをもらうことが可能なため、完全な中立とは言えないケースもあるという点です。独立系で生命保険商品のアドバイスをしている会社で、偏ったすすめ方をして問題になったケースがありました。フィーの高い商品を積極的にすすめることで、荒稼ぎしていたのです。保険商品の選定を商売にする窓口会社も、同様なことで金融庁から指導を受けたことがありました。そうしたことを考えると、どうもFPに任せるというのも考えものです。

FP資格を持つある方と話をした時に、「安全な投資商品はなんですか」と聞いてみたところ、債券という言葉は遂に出てきませんでした。とても不思議に思い、こちらから債券はどうかと話を向けると、「低金利すぎて話になりませんよ」で終わってしまいました。一つにはこの日本では債券という商品をないがしろにしている状態が長く続いたため、相手にしなくなっている。二つ目は外債だと為替変動リスクをどう消化してよいかわからない。三つ目は、日本という国と円のリスクを感じたことすらないし、把握しようともしないからでしょう。

日本で商売をするＦＰが日本のリスクを考え始めたら、まともに商売はできません。それはすべての日本の金融機関も同じです。しかしそれこそが将来は一番のリスクなのですから、それ抜きの発想をする人たちに、あるいはわかっていながら無視せざるを得ない人たちにアドバイスを求めることはナンセンスだ、というのが私の最終結論です。

ではいったい誰に助言を求めればよいのでしょうか。消去法でいくと、残念ながらほとんど誰もいなくなってしまうというのが日本の現状です。

理想像は、「国際的スタンダードで物事を判断し、市場とリスクに精通し、すすめる商品の利害から独立した個人」ということになりますが、見出すのはとても困難です。であれば、アドバイスなど不要な資産を選択すればよいのです。

確定給付と確定拠出の違いがわかっていますか？

会社が社員を騙すことなんてあるのでしょうか。

あります。私の目から見ると、確定拠出年金がそれにあたります。何故か。それは確定拠出年金の加入にあたって、会社が説明会を行うことが一般的ですが、その説明は会社が委託した証券会社や銀行などの人間が行うからです。

「年金」と聞いてみなさんはどう思われますか。高齢になった時に、安全確実にもらうことができるものと思っていませんか。確定拠出年金は違います。投資対象によっては安全どころか、自分で積み立てたオカネのかなりの部分を失うこともあります。年金とは名ばかりの単なるギャンブル投資でしかないのが確定拠出年金です。税制上のメリットを受けられることや、持っていたら使ってしまうかもしれない資金の運用先として「年金」に積み立てることは安全この上ないように思われますが、実態は単なるギャンブルと同じ投資なのです。

何故、このように危険な年金があたかも厚生年金などの補完的役割を果たすかのように受け止められているのでしょうか。理由は非常に単純です。バブル崩壊以降の株式相場の暴落で、企業が社員に約束していた確定給付年金が、予定の利率を支払うことができなくなったからです。その代替が日本版４０１ｋとも呼ばれる確定拠出年金です。

確定給付と確定拠出では、天と地ほどの差があります。決められた額を将来年金として必ずもらえるのが確定給付。自分の運用の巧拙により皮算用に終わる可能性があるのが確定拠出です。要は会社が投資に失敗して年金を社員に十分に払えなくなったための苦肉の策なのです。次からは自分で失敗して会社に迷惑はかけないように、というのが確定拠出年金なのです。

私はそもそも大事な年金をギャンブルのように相場に任せる運用はするべきでないと思っています。たとえリターンが少なくても、あるいは低い利率であっても、年金は超安全な運用に限定すべきです。

日本では２０１６年1月以降、国債のリターンがマイナスになるなど、債券の運用環境が悪化しているため、債券による安全な運用は全くできなくなってしまいました。私はそのような悪い環境で確定拠出年金での運用をさせること自体、国民や社員を騙すに等しいと思っています。会社が勝手に積み立ててくれる年金はしかたないとしても、税金のセーブが少しできるかもしれないという程度のメリットで、それに自分の拠出を加えるマッチングなど決してすべきではない、というのが私の意見です。国や企業に騙されてはいけません。

生保の外貨建て年金は手数料の分だけ損します

50代の現役の方の例で前述しましたが、生命保険会社には外貨建て個人年金の商品があって、一般の方にとっては単純でメリットがありそうな仕組みになっています。例えば年金ですので毎月年金が払われます。米国債を直接買い付けても、利子は半年ごとにしか払われませんので、毎月支払いを受けるように買い付けるのは困難です。それを生保が代行してくれるのです。

しかし実は生保は私の提唱する簡単な持ち切り投資法と似たことをやっています。集めた保険料で長期の債券を買ってほとんど持ち切るだけです。金利はそのまま加入者に年金として配分されるのではなく、しっかりと手数料を差っ引いて、残りを「年金ですよ」と言って配るのです。だったら自分で償還年限が毎年来るように年限の違う債券を買って、手数料の取られない自分年金を作れば、生保に儲けを取られずに済みます。

米国債はほとんどの証券会社で、１０００ドル単位で売買可能です。１万ドルでも１００

万ドルでも買うことができます。売る時も同じで、例えば10万ドル買ったうちの1万ドル、あるいは１０００ドルだけを売却することも可能です。

定期預金と違い、償還日が来ないうちに売却しても違約金はありません。それは一部の売却でも全部の売却でも同じです。

お金のない若い方こそ、ローンで家を買うべきです

日本の財政状況や年金、そして円資産にリスクは感じても、投資資金がないという若い方にはもう一ついい手があります。それは家を買って借金を作ることです。それも超長期、35年ローンを組み、たとえ繰り上げ返済の余裕ができても決してしないことです。現在の超低金利を最大限に活用すれば、賃貸より買うほうに分があることが多いのです。

私が日ごろからアドバイスをしている30代半ばのＨさんの例でご説明します。

Ｈさんは外資系ＩＴ会社のシステムエンジニア。共稼ぎの奥さんは派遣社員として働いています。ふたりは頭金がわずか２００万円しかなかったのですが、２年前に４０００万円台

のマンションを購入し、賃貸暮らしから抜け出しました。

彼は日本の財政や年金に不安を感じていましたが、資産があまりないため投資による円リスクのヘッジをあきらめていたのです。その時私から差し上げたアドバイスは、「超長期の低利ローンの返済額が賃料と同じくらいなら、家を買うべきだ。ローンはそれ自体が円リスクのヘッジになるから」

というものでした。

日本では死語になっていますが、「インフレでは借金した者勝ち」という格言があります。国全体がインフレになると生活に必要な物価も上がりますが、賃金もある程度スライドして上昇します。もちろん年金もある程度増えます。しかしローンの額は増えませんし、固定金利であれば月々の返済額も増えません。ということは、毎月の返済が相対的に楽になるのです。

それが何故円リスクのヘッジになるのでしょうか。

インフレにスライドして円安が昂進すると、ローンも円建てですから実質的に減価するのです。これは貸し手の側から考えるとよくわかります。貸し手にとってローンとは金利をもらえる円建ての資産です。諸物価が高騰するインフレのもとでは、貸し手のローン資産だけ価格の変化がない。つまり相対的に価値を減らしてしまいます。貸し手にとって損ということは、借り手にとっては得になるのです。ただし過去のインフレ時の経験どおり、借り手の賃金が諸物価並みに上昇すればという条件がつきます。

この手段の利点はもう一つ。たとえインフレにならなくとも、支払い家賃分で家が手に入ることです。どちらへ転んでも損はないでしょう。

「資産運用の第一は借金の返済にあり」は誤りです

財政赤字の日本を材料にして円安を仕掛ける海外投資家がいます。円が本格的に安くなると、日本政府は円を防衛するために金利を上げざるを得ません。金利が上昇すると財政が破綻に瀕する可能性が大きくなります。その場合でも円安によるインフレが昂進するため、企業は賃金を上げて、生活を成り立たせる必要があります。つまり借金の返済額は変わりませんが、賃金上昇により相対的に返済負担が少なくなるのです。

数字で示します。年収５００万円の人が毎年１００万円を返済していたとすると、賃金に対する返済率は20％です。その人の年収が６００万円になると返済率は16・７％に減少するということになります。

資産運用のアドバイスを専門にする方々が書いている教科書には、「資産運用の第一歩は借金の返済にあり」とあります。何故ならローン金利は、資産運用の利回りより高いのが普通だからです。でないと預金を集めてローンで貸し出す銀行業は成り立ちません。ローンを抱えている人に、余裕ができたら低利で運用するより高い金利のローンを返済すべしという理屈です。

この理屈は一見もっともな理屈ですが、実情は違います。現在の日本では政府・日銀の低金利政策が行き過ぎの域に達していて、35年ローンの固定金利が２％前後になっています。超低金利だとローンの返済が楽になり、賃料を払うより家を買ってローンを返済するほうに分がある、あるいは同等ということがあるからです。同等なら返済の最後に家が残るほうに分があります。そして海外に目を向ければ、金利というリターンをしっかりともたらす安全な投資先があります。

さらに大事なことは、先ほど申し上げたように、借金は円安の強力なヘッジになるからです。もっと積極的方法もあります。早期返済の資金が貯まったとします。例えば35年ローンの固定金利が3%を切るようなレベルにある時、返済などせず、米国債の30年債を3・7%（2023年3月末時点の利率）で運用するのです。すると為替の変動は考慮していませんが、毎年0・7%ずつ稼げます。ローン金利が2%であれば1・7%稼げます。実際には為替は変動するので、誰にでもおすすめできる戦略ではありません。しかし金利差が1%、2%と拡大した時には、この手は大いに検討する価値があります。こうした柔軟な発想は、全世界を視野に入れる発想を持たないと出てこないものです。みなさんは是非そうした広い視野で物事を見るようにしてください。世界の基軸通貨はドルですし、世界の投資家はすべてドルを基準に評価をしているのです。

もう一つ私から指摘しておきたいことがあります。日本独自のおかしな風習が、賃貸を不利にしていることです。敷金、礼金、更新料、そして割高な原状復帰費用。最近は礼金・更新費用なし、などの条件も見られるようになってはいますが、まだ少数です。

もちろん、住む家はライフステージによって必要な広さや場所が変わります。賃貸だと自分のライフステージに合わせて住む家を変更できます。しかし持ち家だと簡単に変更はできません。でも住まなくなった物件は他人に貸すことができます。貸せる物件を買うことも買う時の必須条件です。

では、物件が値下がりしたらどうなのか。まず第一に言えることは、日本では不動産バブルは1990年代初めに大崩壊していますので、その後の不動産バブルはミニバブルにすぎません。大崩壊さえなければ大した損失にはなりません。第二は、自分で住む家への投資なので、ローン支払いと家賃支払いに大きな差がなければ、値下がりはストレスを感じるほどではありません。

それでも自宅投資に不安を感じるようであれば、購入はやめておきましょう。一番大事なことは、すべてにおいて「ストレスフリー」であることなのですから。

オカネに余裕のないみなさんもまだ決して遅くなどありません。長い目で考えるクセをつけておけば、世界に大変動が起きても、対処は可能なのです。

遺産も米国債で残しましょう

ここまで読まれた方は、安全な遺産の残し方も米国債に限るということがおわかりいただけたかと思います。一番の理由は、発行体であるアメリカが世界一安全だからです。何故、

日米両国の国債（30年債）に100万円投資した場合

	償還時の金額
米国債 （金利3.7%／複利運用）	**300万円**
日本国債 （金利0.6%／単利運用）	**118万円**

182万円も差が出る！

世界で一番安全なのかは45ページでご説明しましたが、私が米国債をおすすめするのはそれだけが理由ではありません。

ドルという通貨の強さは「金利を生み出す力がある」という点にあると私は考えています。一方、円には金利を生む力がありません。この差がどれほど大きいかは、数字で簡単に説明できます。

現時点での金利で30年間投資したとして、どうなるかを単利と複利で比較してみましょう。

米国債では30年後の元利合計は約2・5倍になります。

それに対して日本国債の場合は約1・2倍にしかなりません。日本国債の利子分の合計は30年間でわずか18万円ですが、たったそれだけの金利を得るために、日本国の破綻リスクというとてつもないストレスを感じながら30年も保有することになります。

双方ともに利付債券の場合の受け取り金利は遺産として残さず、ご自分が使用することが可能です。その場合、米国債なら毎年3万円もらえますが、日本国債ではわずか6000円です。

こうして計算すると、円という通貨で資産を保有する場合、米ドルと比較すると大きな逸失利益が生じていることがわかります。そもそも円を保有するということは、米ドルと比較した場合、毎年少しずつ価値が減っていくのと同じで、たとえ日本国が破綻しないで円の価値に大きな変動がなくとも、保有自体がリスクなのだということがわかると思います。

ここまで遺産相続に米国債という世界で一番安全な資産を使うことをおすすめしてきました。遺産相続は、とても長い期間のことを考える必要があります。長期になればなるほど世の中の動きがどうなるか、予想は非常に難しくなります。その1点だけを取ってみても、世界で最も安全なところに置いておく必要があります。その重要性をみなさんには理解しておいていただきたいのです。

終章

平成とは どんな時代だったか

新時代を生きる指針を得るために、平成を振り返ってみましょう

みなさんにとって平成とはどんな時代だったでしょう。これを振り返るのは、今後の新たな時代をどう生きていくべきかの指針を得るためです。

平成の最後に、「景気回復期間は戦後最長の6年2か月になった」と発表されました。しかし実態としてはよく言われるように「実感なき景気回復」という表現が的を射ているように思います。

平成最後の年末年始頃から「平成がどんな時代だったか」というテーマで様々なテレビ番組が放映されていました。その多くが「失われた30年だった」とか「昭和のバブルの後始末の時代だった」というものでした。それは「実感なき景気回復」に通ずるものです。

その時のお決まりの映像は、証券取引所内の場立《ばた》ちの混雑で市場の活況を表すバブル時代から始まり、ジュリアナのお立ち台で羽根付き扇子《せんす》を持って踊る女性と続き、最後は山一證券の社長が泣きながら「悪いのは私で、社員は悪くありませんから！」で終わります。これ

は何度となく流されました。

映像内容はともかく、大事な部分は平成の30年間を「失われた30年」と呼び、「平成とは、昭和のバブルの後始末だった」と結論付けるストーリーです。私はその議論は映像と同じく非常に表面的で、誰もがわかっていることの繰り返しにすぎないとしか思えません。では本当はこの30年をどうとらえるべきなのでしょうか。

私の見解は、「平成の30年とはバブルのツケを政府に付け替えた30年だった」というものです。

そもそもバブルの後始末はどう行われたのでしょう。バブったのは圧倒的に株式・不動産関連の企業と、それをうしろでファイナンスした金融業です。株式・不動産関連企業とは正確な言い方ではなく、それとは全く関係のない製造業や小売業からサービス業の企業までが、株式投資や不動産投資にのめりこみました。それを煽るがごとく貸し付けでバックアップしたのが中小から大手、政府系までを含むすべての金融機関でした。

では投資に充てられ返済不能となった巨額の負債はどうなったのでしょう。処理金額が大きかったのは企業・金融機関などの損金処理です。山一のようにインチキな飛ばしは処理とは言えません。企業も金融機関も会計上の損金処理を長く続けることで体力を消耗し、中小企業のなかには最近まで引きずってしまったところもあるくらいです。

私は、「日本政府と日銀による財政支出と異次元緩和が、バブルの後始末の役割を果たした」と考えています。その金額がどの程度かと言うと、１９８９年の日本政府の債務残高は２８２兆円くらいで、現在はそれが１４５８兆円に膨らんでいます。つまり政府による身の丈以上の支出はその間だけで１１７６兆円にのぼっています。その間のＧＤＰは４３５兆円から５４２兆円へと年率わずか０・７％くらいしか伸びていません。累積赤字はＧＤＰの２・６倍にも及んでいるのです。

そして普通だったら赤字国債の発行はどこかで金利の上昇を招くのですが、それを日銀が財政法に違反して異次元緩和政策の名目でバックファイナンスしました。政府と日銀による違法行為が金利低下を招き、政府をいい気にさせていることを決して忘れてはいけません。

ドイツのように財政収支が均衡している国では収入の範囲でしか国は金を使いませんが、日本は30年強で１１７６兆円も収入をオーバーして政府が消費し投資して民間につぎ込みました。その分、民間は潤ったためバブルのツケをおおかた払い終わりました。結果として政府は１１７６兆円も累積債務を増やしたのですから先ほど申し上げたように、「平成の30年とはバブルのツケを政府に付け替えた30年だった」というわけです。

この分析の重要点は、次の新たな時代に我々はどう向き合ったらよいかの道筋を示唆している点です。平成でバブルの後始末が終わったというだけの認識であれば、あたかもツケは払い終わり、めでたしめでたしということですが、私の分析ではそうは問屋が卸さないとなります。つまりこれからの新たな時代はいよいよ政府のツケ１４５８兆円をみんなで始末をつけなければいけないのです。

その第一歩はわずか２％の消費増税ですが、これによる増収分は約５・６兆円と見込まれます。それでＧＤＰの２６０％にものぼる１４５８兆円を返済するには単純計算で２６０年かかります。

もちろん借金はすべて返し終わる必要はありません。どの会社もそうであるように、リーズナブルな額であれば、それを保ったまま経営は続けられます。国家の場合どの程度までなら大丈夫かは、国の発展段階や将来の成長力にもよりますが、例えば成熟国の多いＥＵの加入条件はＧＤＰの60％以下です。これはちょっと厳しいので、先進国のざっくりとした平均的割合である１００％としましょう。とすると現時点での日本のＧＤＰは名目で５６０兆円程度なので、

1458兆円 − 560兆円 ＝ 898兆円

並の国になるためには、898兆円も借金を減らす必要があります。898兆円を5・6兆円で割ると160年かかります。笑うしかない期間です。

でもその前に、もっと笑ってしまうことがあります。それは令和5年度予算の国債発行予定額は36兆円で、その分累積赤字が増えるので、2％の増税分5・6兆円など焼け石に水にもならないのです。つまり消費増税などで累積赤字が減ることはあり得ないというのが、日本という超赤字国の実態です。

となれば、アベノミクスとは累積赤字をものともせずに突き進む「付け回し政策だ」ということを、しっかりと見据える必要があります。累積赤字の数字を見ますと、安倍政権の8年間だけで230兆円も増加し、GDP比で30ポイントも増加。これが「景気回復期間は戦後最長の6年2か月になった」の真の姿です。

数字ばかりで恐縮ですが、もう少しだけ。みなさんの家計の実態を俯瞰《ふかん》しておきましょう。日銀の資金循環統計によれば、日本の家計は2021年12月末で金融資産を2023兆円も保有しています。このうち現預金が1092兆円、保険・年金540兆円、株式を含む証券332兆円という内訳です。これだけ現預金を保有していても家計はそれを使おうとせず毎年増加する一方です。何故か？

消費もしないし投資もしないのは、将来政府が破綻に瀕して年金を予定どおりもらえなくなったり、介護・健康保険が十分に払われなくなったりするだろうと予見しているからです。財政破綻はないと言う論者は、政府の債務は1458兆円あるが、家計の貯蓄が2000兆円あるから大丈夫と言います。しかしその主張は、みなさんに貯蓄を政府に差し出せと言っているに等しい。

そのような論者に私は言ってあげます、「誰が政府なんかに自分のカネを差し出すもんか！」と。

ではそのツケはどう始末されるのでしょうか。政府が自らに徳政令を出し、預貯金を召し上げますか？　それともおバカな大統領をいただくベネズエラのように年率268万％のインフレにしますか？

そうした極端な手は取れません。その代わり収入サイドでは消費税率をじわじわと上げ、健康保険・介護保険料をじわじわと上げ、公共料金もじわじわと上げ、逆に支出面では医療・介護をはじめ公共サービスを減らし、年金をじわじわと減らしていく。その証拠はすでに家計の可処分所得の減少として表れています。可処分所得とは所得全体から天引きされる社会保険料などを差し引いた自分で使える額を表します。

２０１９年２月５日のＮＨＫニュースのサイトから引用します。

総務省の「家計調査」で２人以上の勤労者世帯の自由に使えるお金、「可処分所得」の推移を見てみます。これまで景気回復の最長記録だった「いざなみ景気」の終盤にあたる平成19年にはひと月平均44万2000円余りでしたが、平成29年はひと月平均43万4000円余りと、わずかに減少しています。これに対して「社会保険料」の負担は、平成19年がひと月平均4万7000円程度なのに対し、平成29年はひと月平均でおよそ5万6000円まで増えています。

10年かかってちょっとだけ増えた所得も、社会保険料の増加で可処分所得は減少しているのが家計の実態です。これでは消費や投資に励めるはずはありません。

この先いよいよ団塊の世代が70代中盤に突入し、さらに２０２４年末には全員が後期高齢者に仲間入りすることになり、医療・介護費用が激増するのが見えています。もちろんその段階ではさすがに高齢者世帯では貯蓄の取り崩しが始まり、「財政は破綻しない論者」も根拠の一つを次第に失っていくことになります。

そうした日本国の暗い先行きをどうしたら明るく生きることができるか、私の提案を差し上げることにします。

ここまで読み進められた読者の方はすでにお見通しでしょう。

米国債に投資して資産防衛をする。それがストレスフリーで生きる道です。なにがなんでもご自分の資産を日本から脱出させ、世界で最も安全な資産、米国債に移しておくことです。私の提唱する「ストレスフリーの幸せ投資」によってどれほど多くの方が安心感を得て、明るく素晴らしい世界への道が開けたか、みなさんも本書に引用された多くの方々の声でおわかりいただけたと思います。

本書に引用したコメントはほんの一部でしかありません。そのほかにも多くの幸せになられた方のコメントが寄せられていますので、どうぞブログをご覧になってください。あまりの多さにきっとびっくりされることでしょう。

あとがき

ここまでお読みいただき、まことにありがとうございます。「ストレスフリーの幸せ投資」というものがこの世の中に本当にあることを、実感していただけましたでしょうか。

幸せを感じたり癒されたりする空間など、投資の世界ではあるはずがないのですが、「ストレスフリーの幸せ投資」の世界にはそれがあります。そして第一章の冒頭で申し上げたとおり、投資は儲けるためにするのではなく、「儲かったオカネを使って幸せになること」が究極の目的です。どうかその目的もお忘れなく。

この本は私ひとりで書いたものではありません。これまでに私のブログを読まれてコメントを寄せられた数千人に及ぶ熱心な読者の方々によって書かれたいわば「共著」です。

多くの方々はブログのコメント欄でご自分のこれまでの投資がいかに間違っていたか、証券会社にどれほど騙されていたかを正直に吐露されています。ご自分の誤りを公にしたり失敗を自ら告白したりするのは、匿名とはいえやりたくないし、避けたいことなのですが、ブログの読者の方々は驚くほど正直に失敗談を語り、知識のなさを嘆かれています。

その教訓をみなさんが共有することで、少しでも多くの方が救われることを望んでおられます。このことはまさに私の望むところでもあります。

私は個人的に資産運用の相談をされたい方のために、フェイスブック上に個人相談の窓口を用意しております。ブログと同名の「ストレスフリーの資産運用」というタイトルです。

本書を最後までお読みになった方は、「なるほど、そうだったのか」と腑に落ちることが多かったことと思います。そして他の資産運用本には決して書かれていない内容を数多く目にされたことでしょう。私の考える「ストレスフリーの幸せ投資」は、どんなに疑《うたぐ》り深い方々でもストンと腑に落ちる内容になっていると思います。この本こそ「金融リテラシーの教科書」と言うべき内容だと私は自負しています。もし共感できると思われる方がいらしたら、是非ご夫婦・ご家族・ご友人とその共感を共有してください。なかでも高齢の方はお子様あるいはお孫さんにおすすめください。将来きっと感謝されると思いますので。

この本がみなさんの幸せのための一助になることを切に願い、筆をおくことにいたします。

〈著者紹介〉
林 敬一　1973年慶應義塾大学経済学部を卒業後、日本航空に入社。90年米系投資銀行ソロモン・ブラザーズに転職し、債券資本市場部長を務める。99年英系投資会社の日本子会社に転職し、経営企画室長として企業買収を担当する。2009年に同社を退職し、現在はフリーランスの資産運用アドバイザーとして活躍中。
ブログ「ストレスフリーの資産運用」
https://blog.goo.ne.jp/keihayashi1218

ストレスフリーの資産運用
投資は米国債が一番！
2023年5月25日　第1刷発行
2024年6月30日　第2刷発行

著　者　林 敬一
発行人　見城 徹
編集人　菊地朱雅子
編集者　有馬大樹

GENTOSHA

発行所　株式会社 幻冬舎
〒151-0051 東京都渋谷区千駄ヶ谷4-9-7
電話：03(5411)6211(編集)
03(5411)6222(営業)
公式HP：https://www.gentosha.co.jp/

印刷・製本所　中央精版印刷株式会社

検印廃止

ISBN978-4-344-04120-2 C0095

この本に関するご意見・ご感想は、
下記アンケートフォームからお寄せください。
https://www.gentosha.co.jp/e/